PAT ROBERTSON

EL PODER
del
ESPÍRITU
SANTO
en ti

CASA CREACIÓN
Para vivir la Palabra

Para vivir la Palabra

MANTÉNGANSE ALERTA;
PERMANEZCAN FIRMES EN LA FE;
SEAN VALIENTES Y FUERTES.
—1 CORINTIOS 16:13 (NVI)

El poder del Espíritu Santo en ti por Pat Robertson
Publicado por Casa Creación
Miami, Florida
www.casacreacion.com
©2023 Derechos reservados

ISBN: 978-1-955682-58-9
E-book ISBN: 978-1-955682-59-6

Desarrollo editorial: *Grupo Nivel Uno, Inc.*
Adaptación de diseño interior y portada: *Grupo Nivel Uno, Inc.*

Publicado originalmente en inglés bajo el título:
The Power Of The Holy Spirit In You
Publicado por Salem Books
Impreso por Regnery Publishing
© 2022 por Pat Robertson
Todos los derechos reservados.

Nota de la editorial: Aunque el autor hizo todo lo posible por proveer teléfonos y páginas
de internet correctos al momento de la publicación de este libro, ni la editorial ni el autor
se responsabilizan por errores o cambios que puedan surgir luego de haberse publicado.

Impreso en Colombia

23 24 25 26 27 LBS 9 8 7 6 5 4 3 2 1

CONTENIDO

EL COMIENZO

UN DIOS O TRES

En el Libro del Génesis, el primer capítulo de la Biblia, leemos estas palabras: "Dios, en el principio (preparó, formó, modeló y) creó los cielos y la tierra. La tierra era un caos total, las tinieblas cubrían el abismo, y el Espíritu de Dios se movía (revoloteando, contemplando) sobre la faz de las aguas" (Génesis 1:1-2). Así, en el principio del tiempo, antes de que se formara la tierra, no solo estaba presente Elohim (Dios), sino también alguien llamado en hebreo *Ruach Elohim* (el Espíritu de Dios). Luego, la Escritura nos dice que el Espíritu de Dios revoloteaba sobre las aguas. La imagen aquí es la de una mamá gallina cubriendo a sus polluelos. Podemos afirmar, con certeza, que el Espíritu de Dios estuvo presente en el mismo acto creativo del mundo y que el Espíritu de Dios es distinto de Dios Padre. De lo contrario, ¿por qué sería necesario hablar de Dios como un ser y del Espíritu de Dios como si fuera otro?

Sin embargo, luego se revela algo más. "Y dijo Dios: '¡Que exista la luz!'. Y la luz llegó a existir" (Génesis 1:3). Entonces se nos presenta un tercer factor: la Palabra de Dios. En el primer capítulo del primer libro de la Biblia, vemos a Dios, al Espíritu de Dios y a la Palabra de Dios. Más adelante sabremos que Jesucristo es conocido como la Palabra de Dios. Por tanto, hay tres seres diferentes: Dios, el Espíritu de Dios y la Palabra de Dios. El Evangelio de Juan nos da una mayor comprensión acerca de la segunda persona de la Deidad: la Palabra. Ese evangelio indica: "En el principio ya existía el Verbo, y el Verbo estaba con Dios, y el Verbo era Dios. Él estaba con Dios en el principio. Por medio de él todas las cosas fueron creadas; sin él, nada de lo creado llegó a existir" (Juan 1:1-3). En este punto se usa la preposición griega *día,* que puede traducirse como "por medio de" o "a través de". Sin embargo, tres de las mejores traducciones lo traducen como "a través" y, por lo tanto, para los propósitos de este manuscrito, utilizaré la traducción de *dia* con su acepción "a través". La Mente Creadora (el Padre) se expresó a través de la Palabra (el Hijo), pero el poder activo para ejecutar el mandato del Padre proviene del Espíritu de Dios.

¿Qué aprendemos de este comienzo bíblico? Dios Padre aparece como la mente creadora y se expresa con su palabra. ¿No sería eso suficiente para lograr lo necesario? Aparentemente no. No quiero extenderme demasiado en la narrativa inicial, pero parece que el poder eficaz para activar la voluntad de Dios y la palabra hablada a lo largo de su creación proviene del Espíritu de Dios.

Este libro trata sobre el Espíritu Santo y, a lo largo de la Biblia, el Espíritu Santo es el poder que activa tanto la voluntad de Dios como la Palabra de Dios a lo largo de su creación, y ciertamente a aquellos de nosotros creados a su imagen.

Adelantémonos ahora al comienzo del ministerio de Jesucristo cuando, siendo un joven de treinta años, se sometió al ritual del bautismo de la mano de un predicador apasionado conocido como Juan el Bautista. En aquel momento, la Escritura nos dice que una paloma (símbolo del Espíritu Santo) descendió del cielo y se posó sobre Jesús, y una voz del cielo, la voz de Dios Padre, dijo: "Este es mi Hijo amado, estoy muy complacido con él" (Mateo 3:17). He aquí nuevamente la Trinidad de Dios —Padre, Hijo y Espíritu Santo— el Padre, la mente creativa de la Trinidad; el Hijo, la expresión de Dios o la Palabra de Dios; y el Espíritu Santo, el poder activador de Dios a través de su creación.

Hemos aprendido que Dios Padre es Dios, Dios Hijo es Dios y Dios Espíritu Santo también es Dios. No obstante, los tres juntos son uno.

La gente se ha reído de este concepto, se ha confundido con él y ha presentado herejías para explicarlo. La fe islámica, en efecto, se refiere a los cristianos como politeístas, lo que para sus seguidores es un grave error. Ellos dicen: "Servimos a un solo dios, que es Alá". Me pregunto quién es Alá. Las banderas de Argelia, Libia, Turquía y Pakistán, por ejemplo, tienen la luna creciente en ellas. Durante un tiempo, consideré la posibilidad de que Hubal, el dios luna de La Meca, fuera el Alá adorado por el pueblo islámico. Sin embargo, la erudición se inclina en otra dirección. ¿Fue Alá derivado de un término árabe muy parecido al hebreo *El* o era parte del nombre fenicio para *señor*, el cual era *Baal*? La información más erudita que he podido encontrar indica que Alá es, en verdad, una derivación de Baal. Cualquiera que sea el origen de ese nombre, quiero afirmar enfáticamente que los cristianos y los judíos no adoran a Alá, sino al Dios del Pacto de los hebreos, que se identifica con el tetragrámaton *YHWH*... o *YAWEH*.

¿Sirven, realmente, los cristianos a tres dioses? La respuesta es no: servimos a un Dios eternamente existente en tres personas: Dios Padre, Dios Hijo y Dios Espíritu Santo.

Algunos pensadores, al tratar de racionalizar este concepto, han empleado la analogía del agua. El agua es un líquido. Cuando se calienta se convierte en vapor. Al congelarse puede convertirse en hielo. Ellos dicen que eso explica cómo puede haber tres elementos en uno. Lo lamentable es que esa explicación conduce a una herejía conocida como monarquianismo modalista. En esta explicación, el agua se convierte en vapor o el agua se convierte en hielo. Pero eso no es lo que le sucede a la Trinidad de Dios. El Padre sigue siendo el Padre y, sin embargo, es Dios. El Hijo sigue siendo el Hijo y, aun así, es Dios. El Espíritu Santo sigue siendo Espíritu Santo y, empero, sigue siendo Dios. Tres en uno.

Quizás una explicación mejor de la Trinidad consista en hacer pasar un haz de luz a través de un prisma y ver cómo se descompone en los elementos rojo, verde y azul.

No, como cristianos no servimos a tres dioses; servimos a un solo Dios. Como proclama el llamado *Shemá* (que se encuentra en Deuteronomio 6:4): "Escucha, Israel: El SEÑOR [YHWH] nuestro Dios, es el único SEÑOR [YHWH]". Un Señor eternamente existente en tres seres: Padre, Hijo y Espíritu Santo.

Jesús dijo en la víspera de su partida: "Y yo le pediré al Padre, y él les dará otro Consolador para que los acompañe siempre: el Espíritu de verdad, a quien el mundo no puede aceptar porque no lo ve ni lo conoce. Pero ustedes sí lo conocen, porque vive con ustedes y estará en ustedes" (Juan 14:16-17). Sin embargo, Juan 14:26 nos dice: "Pero el Consolador, el Espíritu Santo, a quien el Padre enviará en mi nombre, les enseñará todas las cosas y les hará recordar todo lo que les he dicho".

También se nos dice que el Padre enviará al Espíritu Santo. De aquí ha surgido un debate sobre si el Espíritu Santo procede del Hijo o del Padre. Me parece que la Biblia nos asegura que tanto el Padre como su Hijo quieren que el Espíritu Santo entre en la vida de su pueblo para revelarles la verdad y fortalecerlos.

En la Biblia [en inglés], la palabra *"comforter"* [confortador] no tiene que ver con un edredón suave. Las dos partes de esa palabra [en inglés] son *com* —que significa "con"— y *fort*, que significa "fuerza".[1] Así que el Espíritu Santo será enviado a los creyentes para darles fuerza y para revelarles la verdad acerca de Jesús, su naturaleza y su

---

1. [Nota del traductor: en la Biblia traducida al inglés —versión King James— aparece la palabra *comforter* (en español, confortador), término que también se le da a un edredón que sirve para abrigar a la persona. La traducción al inglés describe una de las funciones del Espíritu Santo, que es confortar, fortalecer].

misión en la tierra. Además, el Espíritu Santo nos revelará la naturaleza del Padre y su voluntad en la tierra.

Medita en lo que esto significa para la vida de oración de una persona. Él o ella debe orar al Padre, en el nombre del Hijo, Jesucristo, y en el poder del Espíritu Santo.

Ahora es tiempo de que examinemos cómo trae, el Espíritu Santo, bendiciones e instrucciones al pueblo de Dios.

Capítulo 2

EL VELO DE MOISÉS

CUANDO LLEGAMOS A los escritos del apóstol Pablo en su segunda carta a la iglesia de Corinto, hallamos una destacada relación entre el Antiguo Pacto —personificado por Moisés y Josué— y el Nuevo Pacto, personificado por los creyentes cristianos llenos del Espíritu Santo.

Pablo nos recuerda que cuando Moisés subió al monte Sinaí para encontrarse por cuarenta días y cuarenta noches con YHWH, su rostro adquirió el brillo de un ser angelical. Es más, reflejaba la gloria de YHWH tan intensamente que necesitaba usar un velo para atenuar el resplandor. Pablo luego dice que "si es glorioso el ministerio que trae condenación, ¡cuánto más glorioso será el ministerio que trae la justicia!" (2 Corintios 3:9).

El apóstol lamenta el hecho de que cuando el mensaje de la ley de Moisés se les leyó a sus compañeros hebreos, el mismo estaba ensombrecido por lo que parecía ser un velo.

Y hasta que este se levantó, sus compañeros israelitas estuvieron ignorantes del verdadero poder de Dios. Pero dado que ese velo fue quitado por obra del Espíritu Santo, vino a ser como vida —surgiendo de entre los muertos— para aquellos hebreos.

La palabra Señor es, por otra parte, una mala traducción del vocablo hebreo YHWH. Sin embargo, en el Nuevo Testamento, se hace referencia a Jesucristo como "el Señor" o "el Señor Todopoderoso". El término Señor, usado por el apóstol Pablo en 1 Corintios, es una traducción del vocablo griego *kurios*, que esencialmente significa "maestro" o "líder". Esta palabra griega se usa cientos de veces en el Nuevo Testamento como una expresión de honra a Jesús. Por ejemplo, en Marcos 1:3 leemos: "Preparen el camino del Señor". En Marcos 2:28 Jesús dijo: "Así que el Hijo del hombre es Señor incluso del sábado". En Marcos 9:24, el hombre herido dijo: "¡Sí creo! —exclamó de inmediato el padre del muchacho—. ¡Ayúdame en mi poca fe!". Y en Mateo, al hablar del juicio de las naciones gentiles después de su regreso, Jesús describió a aquellos que mostraron misericordia a sus hermanos. Ellos le dijeron: "Señor, ¿cuándo te vimos hambriento y sediento o enfermo y en la cárcel?" En resumen, en referencia a sí mismo, Jesús empleó el término *kurios*. Y en sus interacciones con muchísimas personas en toda Palestina, los que lo vieron lo llamaban "*kurios*" o "Señor" (u ocasionalmente: "Rabí").

Puedes imaginarte mi asombro cuando leí que el apóstol Pablo dijo: "Ahora bien, el Señor es el Espíritu, y donde está el Espíritu del Señor, allí hay libertad" (2 Corintios 3:17).

El apóstol Pablo estaba diciendo que el ministerio del Espíritu Santo era mucho más glorioso que el pacto que Moisés le dio a Israel. Porque a él la ley no le trajo vida, sino embrutecimiento espiritual; mientras que el Espíritu Santo produjo un pacto más glorioso y, con ello, la libertad. En efecto, eso es más que libertad. Pablo continúa diciendo: "Así, todos nosotros, que con el rostro descubierto reflejamos como en un espejo la gloria del Señor, somos transformados a su semejanza con más y más gloria por la acción del Señor, que es el Espíritu" (2 Corintios 3:18). El apóstol Pablo afirma claramente que el Espíritu Santo crea el carácter de Jesucristo en el creyente. Según él, el que cree en Jesucristo asume la misma naturaleza de Jesús por obra del Espíritu Santo.

Pablo dice que el Señor (*kurios*) es el *pneuma hagios* (el vocablo griego *pneuma* significa "espíritu"; y el griego *hagios*, significa "santo"). Para mí, francamente, esta es una declaración asombrosa. Ya hemos visto que según las Escrituras, Jesús prometió a sus discípulos que si se iba, les enviaría al Consolador. En otros lugares de los evangelios, se nos dice que Jesús y el Padre envían el Espíritu Santo a los creyentes. Esas declaraciones conservan intacto nuestro concepto de la Santísima Trinidad: Padre, Hijo y Espíritu Santo. Pero, ¿qué sucede con nuestra comprensión de la Trinidad si el Hijo de Dios *es* el Espíritu? ¿Están el Hijo de Dios y el Espíritu Santo tan cerca en la Trinidad que no necesita haber distinción entre ellos? Si el Espíritu Santo crea el carácter de Jesús en los creyentes, ¿elimina esto las identidades separadas para que Pablo pueda decir "el

Señor es el Espíritu"? Realmente no. Pablo era claramente trinitario y yo también.

Tal vez sea mejor que dejemos la especulación teológica a aquellos que se pasan la vida reflexionando sobre los misterios de la Biblia. Para el cristiano común, la buena noticia es que el Espíritu Santo le hará pensar como Jesús, actuar como Jesús y mostrar el poder de Jesús. Qué perspectiva tan gloriosa para todos los que vivimos bajo el Nuevo Pacto que el Señor ha traído sobre la tierra.

Insisto, repito las palabras del apóstol Pablo (2 Corintios 3:18): "Así, todos nosotros, que con el rostro descubierto reflejamos como en un espejo la gloria del Señor, somos transformados a su semejanza con más y más gloria por la acción del Señor, que es el Espíritu".

Capítulo 3

El ángel de luz

L O QUE AHORA entendemos del Espíritu Santo lo sabemos a través del ministerio de Jesucristo mientras estuvo en la tierra y después de ascender al cielo. Sin embargo, Dios obró en Israel a través de profetas y de hombres santos que fueron movidos por el Espíritu. Ahora consideraremos los casos en el Antiguo Testamento en que el Espíritu de Dios estuvo obrando entre sus siervos.

Génesis nos dice en siete instancias la expresión: "Y dijo Dios...". A través de esas declaraciones, Dios preparó la tierra. Es probable que haya tomado varios millones de años para que todas se concretaran pero, en el proceso, había un planeta —a la precisa distancia del sol— que brindaría calor y fotosíntesis a las plantas en crecimiento. Poseía, exactamente, la mezcla adecuada de carbono e hidrógeno y otros gases esenciales para la vida. Tenía un núcleo magnético que mantenía la atmósfera alrededor de la tierra. También una luna que regulaba la rotación del planeta a través de los cielos. Poseía suelo para hortalizas y semillas para árboles que dan fruto, junto con cedros, cipreses, robles y nogales, que proporcionaban la madera necesaria para que la humanidad construyera estructuras, como la que se encontró cientos de años después por mandato de Dios a Noé para construir un arca. Había carbón y también hierro para los futuros proyectos de construcción de la humanidad. Incluso había elementos extraños en la tierra, que en nuestros días se han vuelto vitales para las computadoras y otros dispositivos electrónicos. Había un océano lleno de peces y en la tierra había animales que proporcionaban carne y ropa a la humanidad. Dios colocó este pequeño planeta en un sistema solar como parte de la Vía Láctea, galaxia ubicada de manera segura en un sector tranquilo del universo.

Leí esos primeros capítulos, en el Libro de Génesis, expectante en cuanto al relato del octavo acto divino de la creación: la presentación de la raza humana. En este punto del relato, el énfasis cambia de Dios —la mente creativa— hablando al Hijo y al Espíritu Santo, en realidad, creando y formando un universo.

Luego, como octavo acto de la creación, leemos en plural: "Hagamos al ser humano a nuestra imagen y semejanza. Que tenga dominio sobre los peces del mar, y sobre las aves del cielo; sobre los animales domésticos, sobre los animales salvajes, y sobre todos los reptiles que se arrastran por el suelo" (Génesis 1:26). Algunas personas afirman que el uso implícito de nosotros [hagamos] y nuestro [nuestra] es simplemente el plural de un tratamiento personal *majestuoso*, como diría un rey: "Estamos complacidos con nuestros súbditos". Pero no estoy de acuerdo con esa interpretación. Creo que lo que hubo fue una conferencia del Padre, el Hijo y el Espíritu Santo decretando la creación del único ser que iba a encargarse de esta maravillosa obra que la Deidad Trina había formado a través de millones de años.

¿Cuál era entonces la imagen de Dios, la llamada *Imago Dei*? Particularmente, pensaba que Imago Dei era un espejo que reflejaba la gloria de Dios, el cual —debido al pecado— se había hecho añicos, por lo que la gloria ya no se veía claramente. Creo que entender la Trinidad nos lleva a una conclusión más firme. Si la Trinidad hizo al hombre a su imagen, entonces cada ser humano debe reflejar —de alguna manera— las características de cada uno de sus miembros. Si esto es cierto, piensa en lo que eso significa para cada uno de nosotros. ¡Tenemos la capacidad de concebir cosas asombrosas! En verdad, a lo largo de la historia, la humanidad ha producido extraordinarias hazañas creativas que, en mi opinión, solo descubren la punta del témpano del potencial que se nos ha concedido. Como criaturas hechas a imagen de Dios, tenemos la capacidad de hablar la Palabra y verla concretarse. Jesús les dijo a sus discípulos que aun cuando la fe que tuvieran fuera muy pequeña —como del tamaño de un diminuto grano de mostaza—, podrían decirle al Monte de los Olivos que se desarraigara y se plantara en el Mar Muerto, y les obedecería. Nada es imposible para nosotros mediante el poder del Espíritu Santo. Esa es la verdadera *Imago Dei*. Nosotros, como seres humanos redimidos por Jesucristo, tenemos el poder para gobernar bondadosamente este maravilloso planeta que el Dios misericordioso ha puesto en nuestras manos. Por eso es que la caída del hombre es extraordinariamente trágica. Hasta hoy, vemos seres humanos hechos a la imagen de Dios postrándose ante el alcohol, la cocaína, la heroína, la marihuana y el tabaco; elementos que son, en sí mismos, productos de las plantas y los vegetales sobre los que Dios le dio toda autoridad al hombre para gobernarlos. Nuestras mentes no pueden concebir el futuro glorioso que habríamos disfrutado si Adán y sus descendientes hubieran obedecido a Dios. Se nos ha dicho que Dios colocó a los primeros seres humanos en un jardín maravilloso. Allí tenían todo lo requerido para satisfacer sus necesidades y sus aspiraciones. Solo tenían que extender sus manos para probar los deliciosos frutos. C. S. Lewis describió ese fruto, en uno de sus libros de fábulas, como tan delicioso que los hombres en una edad posterior habrían matado solo por probarlo. Los campos estaban cubiertos con flores de colores majestuosos. Los árboles estaban florecidos y el cielo lleno de pájaros con esplendoroso plumaje. El primer hombre, Adán, estaba en un estado de completa inocencia. Para estar completo, necesitaba aprender la diferencia entre el bien y el mal. Para lograr eso, Dios colocó una planta en el jardín llamada el Árbol del conocimiento del bien y del mal. Dios le dijo a Adán que podía comer cualquier fruto del jardín. No había ley ni reglamento alguno, por lo que el pecado hubiera sido imposible, porque sin ley no hay pecado. ¿Te imaginas lo maravilloso que sería vivir en una sociedad en la que no haya absolutamente ninguna regla excepto la de la ley del amor? En el universo perfecto de

El ángel de luz

Dios no había odio, ni amargura, ni matanzas, ni enfermedad, ni dolencia. Todo el universo reflejaba la gloria y el esplendor del Gran Creador.

En el relato temprano de Génesis, no hay discusión sobre la creación de otra raza de seres que conocemos como ángeles. Esos seres eran mensajeros espirituales creados para obedecer los mandatos de Dios. Los ángeles vivían en la presencia absoluta del Dios Todopoderoso y conocían su esplendor en persona. Se dividían en varias categorías según su poder. Entre ellos había un grupo conocido como arcángeles, pero el más poderoso de todos los ángeles era el llamado Lucifer (o "Lucero"). Lucifer pertenecía a una clase de ángeles conocidos como *querubines*, cuya exaltada tarea era cubrir la santidad misma de Dios. En escrituras posteriores se le conoce como el ángel protector. Lucifer era magnífico en su esplendor, irradiaba belleza, era enormemente poderoso y tenía acceso al Creador, lo que le otorgaba privilegios que ningún otro ser creado poseía.

La tragedia de Lucifer llegó cuando tuvo la oportunidad de considerar su propia belleza. Poco después, comenzó a observar su sabiduría. Entonces su mente exaltada se llenó de planes para gobernar al universo, planes que Lucifer creyó superiores a los del Creador. ¿Cuánto tiempo le llevó eso? ¿Un año de nuestro tiempo? ¿Diez? ¿Cien mil años? ¿Un millón de años? No sabemos cuánto le tomó, pero sí sabemos lo que sucedió. El primer pecado fue el orgullo, por parte de una criatura, que dijo simplemente: "Mi manera es mejor que la de Dios".

Cuando observamos a lo largo de la historia de la humanidad los desvaríos de los dictadores poderosos, los escritos de los filósofos y los planteamientos de los pensadores, invariablemente se reducen a una simple verdad: "Lo hice a mi manera y, la mía, es mejor que la de Dios". Lucifer estaba tan consumido por el orgullo de su belleza, que inició una rebelión contra el Dios Todopoderoso. Según el Libro de Apocalipsis, en la Biblia, se llevó consigo a la tercera parte de los ángeles y, como castigo por su rebelión, fue arrojado a la tierra junto con los llamados "ángeles caídos". Mucha gente se ha preguntado por qué un Dios todopoderoso no usó, simplemente, su poder para destruir a ese feroz enemigo y librar al universo de él. Si lo piensas, te darás cuenta de que la respuesta es clara: si Dios usaba su poder para destruir a sus enemigos, si hacía que las lenguas de los blasfemos se pudrieran en sus bocas al pronunciar palabras blasfemas, ninguna criatura le serviría voluntariamente ni con amor. Al contrario, le servirían por temor.

En términos humanos, a cualquier padre le encanta que su pequeño hijo corra hacia él, lo abrace y le grite: "¡Papá, ya estás en casa! ¡Te amo!". ¿Qué tipo de padre querría un hijo que se encogiera ante su presencia y lo respetara solo por temor al castigo? El plan de Dios involucraba un concurso para mostrar que el amor ha de triunfar, que un ser humano lo amaría tanto que moriría en obediencia a él y, por lo tanto, sería un ejemplo para el resto de la creación. Esta es la lucha cósmica iniciada por la rebelión de Satanás.

Sin embargo, hay mucho más en nuestra narración que trata sobre el Espíritu Santo y la humanidad caída antes del triunfo definitivo de Dios con la muerte y resurrección de su Hijo. Después de que Satanás cayó, vemos que entró en una serpiente, que era una de las criaturas del jardín. Satanás vio la oportunidad de llevar a Eva, la esposa de Adán, a pecar.

Mientras Eva recorría el jardín del Edén, la serpiente le habló y le dijo (paráfrasis mía): "¿Estás consciente de que Dios te está ocultando algo bueno?". La curiosidad de Eva se despertó cuando la serpiente le hizo ver lo siguiente: "Les está prohibiendo un fruto que los hará tan sabios como él". Eva respondió: "Se nos ordenó que no comiéramos de este fruto. Se supone que ni siquiera debemos tocarlo". En eso, Satanás supo que la atrapó, por la forma en que ella expresó la Palabra de Dios.

Por mi parte, yo usaría eso como una advertencia para mi lector. Ni siquiera Jesucristo cedió a los juegos mentales con Satanás. Jesús sabía muy bien que Satanás era un mentiroso y que era el padre de la mentira. Involucrarse con Satanás en un debate filosófico habría implicado que Jesús contendiera a través de una red de mentiras. Jesús, de quien la Biblia nos dice que estaba lleno del Espíritu Santo, declaraba una y otra vez la sencilla Palabra de Dios. A cada tentación de Satanás, el Señor simplemente le decía: "Escrito está" (Lucas 4:8). Luego, expuso en términos sencillos y claros las verdades bíblicas de la Palabra.

Eva, sin embargo, no tenía ni la sabiduría ni el conocimiento bíblico de los que disfrutó Jesucristo. Ella creyó la mentira del diablo, por eso extendió su mano, agarró el fruto y se lo comió. Eso le abrió los ojos, por lo que le brindó el fruto a su esposo, sin duda adornando la oferta con la misma mentira que el diablo empleó con ella. Adán, a veces, es llamado el "Jefe general de la raza humana". Al pecar, condenó a todos los que lo siguieron cuando fue exiliado del paraíso. De hecho, Dios dijo: "Como el hombre comió del árbol del conocimiento del bien y del mal, ahora debe abandonar el jardín para no participar del Árbol de la Vida" (paráfrasis mía). Adán fue condenado a una vida de trabajo agotador, lleno de sangre, sudor y lágrimas. Y a Eva le dijo que daría a luz sus hijos con sufrimiento. Entonces Dios expulsó del paraíso a los dos ejemplares caídos de la raza humana y colocó un ángel en la puerta para evitar que regresaran.

En el jardín del Edén, con la presencia de Dios, el pecado no podía ejercer una atracción poderosa sobre Adán. Para usar una frase moderna, Adán estaba en "moral neutral". Los teólogos medievales lo expresaron de esta manera: *posse non peccare*, que significa "incapaz de pecar". Si Adán hubiera continuado resistiendo el impulso de quebrantar su único mandamiento, ¿habría estado tan afirmado en la justicia que habría sido *non posse peccare*? Los siete mil millones de seres humanos que habitan este planeta podrían desear eso fuertemente. Pero nunca sabremos la respuesta hasta que nos sea revelada en el Día del Juicio.

Sin embargo, solo cuando Jesucristo —el Hijo de Dios— vino a la tierra, llevó una vida sin pecado y murió por las transgresiones de la humanidad, fuimos liberados de la maldición que nos trajo el primer hombre, Adán.

Dios estaba tratando con la humanidad caída. Con el advenimiento del Salvador, el Espíritu Santo se manifestó poderosamente en la vida del pueblo cristiano en una aparente lucha contra el poder de los espíritus demoníacos, los que buscaban destruirlos como criaturas hechas a la imagen de Dios. Con eso presente, quiero dirigir nuestra atención ahora al Antiguo Testamento. Este narra los notables encuentros de hombres y mujeres santos —antes de la época de Jesucristo—, tocados por el Espíritu Santo de Dios— que se movía por toda la tierra para llevar a cabo los planes de Dios con la humanidad.

El Antiguo
Pacto

EL QUE HACE QUE TODO SEA

L A MANCHA DEL pecado corrompió rápidamente a los dos humanos caídos: Adán y Eva. Adán tuvo relaciones con su esposa, Eva, por lo que quedó embarazada y dio a luz a Caín. Posteriormente parió a su hermano Abel. Según la narración, Abel atendía los rebaños y Caín labraba la tierra. Cada uno llevó una ofrenda al Señor. Pero Dios aceptó la ofrenda de Abel —consistente en un animal para el sacrificio— y rechazó la ofrenda de Caín, que era producto de la labranza del campo. La ofrenda de Caín, a primera vista, parecía hecha de un esfuerzo carnal, mientras que la de Abel parecía provenir de la gracia sacrificial. Por eso, Caín se puso celoso y, cuando se le presentó la oportunidad, atacó a Abel y lo asesinó.

El rápido progreso del pecado es evidente: primero la simple desobediencia, luego la vergüenza ante Dios, después los celos y el resentimiento, la ira absoluta y finalmente el asesinato. ¿Quién puede olvidar la respuesta de Caín al Señor con respecto a la ausencia de su hermano: "Acaso soy yo el que debe cuidar a mi hermano?" (Génesis 4:9).

A través de los años, la gente ha leído el relato de la manera en que los israelitas se apoderaron del territorio pagano, siguiendo las instrucciones de Dios en cuanto a exterminar a la gente que moraba allí. En un período de tiempo muy corto, Dios fue testigo de la rápida propagación del pecado y de las horribles consecuencias que se derivaron de ello. Para nuestras mentes modernas, tal genocidio parece inconcebible, pero un Dios santo que intenta preservar la integridad de un pueblo puro no podría permitir que surgiera un contagio entre ellos que finalmente hubiera resultado en su caída permanente. En la mente de un Dios sabio, no se podía pensar en un contagio mortal, como el de la pandemia de coronavirus de 2020, para que el pueblo cambiara de rumbo. Tenía que eliminarlo.

Según Génesis 4:25, Adán volvió a acostarse con su esposa, por lo que dio a luz a un hijo llamado Set, diciendo: "Dios me ha concedido otro hijo en lugar de Abel, al que mató Caín". Pero lo que dice luego es algo que considero trascendental. Génesis 4:26 afirma: "Desde entonces se comenzó a invocar el nombre del Señor [YHWH]").

¿Por qué ese versículo es tan importante para Génesis? A lo largo del Antiguo Testamento, cada vez que encontramos la palabra Señor en letras mayúsculas, sabemos que no es una traducción exacta de los textos hebreos. En los textos reales, el nombre de aquel que es adorado no es "Señor", sino "YHWH". Estas letras hebreas —Y-H-W-H— constituyen el santo nombre de Dios. Pero insisto, ¿qué significa este nombre?

Cuando aquella voz que le habló a Moisés desde la zarza ardiente, lo llamó a que fuera a la tierra de Egipto, él quiso saber qué decirle al pueblo si le preguntaban cuál era el nombre de aquel que lo había enviado, aquel que le había ordenado que hiciera esas cosas. Dios le respondió: "Yo soy el que soy. Y esto es lo que tienes que decirles a los israelitas: Yo soy me ha enviado a ustedes" (Éxodo 3:13). Tengo entendido que el tetragrámaton YHWH comprende el tiempo *hiphil* del verbo "ser". Eso, a su vez, puede traducirse como "El que hace que todo sea". El nombre de Dios dado a la humanidad después del nacimiento del tercer hijo de Adán y Eva ya no era Elohim —el cual aprendimos en la creación—, sino YHWH, traducido al español como "El que hace que todo sea".

A medida que nos remontamos a la creación vemos a Dios, al Espíritu de Dios y a la Palabra de Dios. Observemos lo siguiente, el Padre en la Trinidad es la Mente Suprema, el Hijo es la Palabra de Dios a través de quien el Padre se expresa, y el Espíritu es aquel que trata con la creación y realmente hace que las cosas sucedan. Por lo tanto, no creo que sea muy exagerado decir —en el aspecto intelectual— que "El que hace que todo sea" es, en realidad, el nombre del Espíritu Santo. Para el pueblo del pacto de Dios, el Señor que deben reconocer en el nuevo pacto es el mismo Espíritu Santo, bajo el nombre YHWH.

Con esto presente, podemos leer el Antiguo Testamento bajo una perspectiva totalmente nueva. Por ejemplo, en

Deuteronomio 29, leemos: "Estos son los términos del pacto que, por orden de [YHWH], hizo Moisés en Moab con los israelitas" (versículo 1). Este es el pacto de "El que hace que todo sea". El Espíritu Santo es el que le dijo a Moisés qué pacto debía hacer en nombre de los israelitas; y luego Moisés continuó diciendo: "Ustedes vieron todo lo que el Señor [El que hace que todo sea] hizo en Egipto con el faraón" (versículo 2). Insisto, el Espíritu Santo llevó plagas a Egipto y produjo la liberación del pueblo de Dios. En los versículos 10 al 13, Moisés dijo:

> Hoy están ante la presencia del Señor [YHWH] su Dios todos ustedes, sus líderes y sus jefes, sus ancianos y sus oficiales, y todos los hombres de Israel, junto con sus hijos y sus esposas, y los extranjeros que viven en sus campamentos, desde los que cortan la leña hasta los que acarrean el agua. Están aquí para hacer un pacto con el Señor [YHWH] su Dios, quien hoy lo establece con ustedes y lo sella con su juramento. De esta manera confirma hoy que ustedes son su pueblo, y que él es su Dios, según lo prometió y juró a sus antepasados Abraham, Isaac y Jacob.

Luego, en el versículo 29, Moisés dijo: "Lo secreto le pertenece al Señor [YHWH] nuestro Dios, pero lo revelado nos pertenece a nosotros y a nuestros hijos para siempre, para que obedezcamos todas las palabras de esta ley".

Por último, en Deuteronomio 31:1-2, Moisés le dijo al pueblo que ya tenía 120 años y que Dios le había prohibido cruzar el Jordán, pero animó a los israelitas con estas palabras en los versículos 3-6:

> El Señor [YHWH] su Dios marchará al frente de
> ustedes para destruir a todas las naciones que encuen-
> tren a su paso, y ustedes se apoderarán de su terri-
> torio. El Señor [YHWH] las arrasará como arrasó
> a Sijón y a Og, los reyes de los amorreos, junto con
> sus países. Cuando el Señor [YHWH] los entregue
> en sus manos, ustedes los tratarán según mis órde-
> nes. Sean fuertes y valientes. No teman ni se asus-
> ten ante esas naciones, pues el Señor [YHWH] su
> Dios siempre los acompañará; nunca los dejará ni los
> abandonará.

¿Podemos entender cuán revolucionario es este concepto? Si de hecho el Espíritu Santo es "El que hace que todo sea", entonces él iba a elegir un nuevo líder para Israel e iba a estar con él, venciendo a todos sus enemigos siendo fuerte y valiente. Me asombra la fuerza que nos da, como pueblo de Dios, cuando nos percatamos de que el Espíritu de Dios irá delante de nosotros como poderoso guerrero, para que ninguno de nuestros enemigos pueda hacernos frente. Si le obedecemos, todo es posible. El poder del Espíritu Santo va más allá de la comprensión humana, su nombre hebreo lo describe: El que hace que todo sea.

Creo que el libro de Josué muestra aún más conmovedoramente la interacción entre el Espíritu Santo y la nación de Israel, teniendo en cuenta que la palabra Señor no es

una traducción fiel del tetragrámaton hebreo YHWH. El
Libro de Josué es una afirmación que hace eco de la forma
en que el Espíritu de Dios permanecerá junto a su pueblo si
es fuerte y valiente. Medita en las palabras con las que empieza Josué 1,
cuando YHWH le dijo a Josué, hijo de Nun, como ayu-
dante de Moisés:

> Mi siervo Moisés ha muerto. Por eso tú y todo este
> pueblo deberán prepararse para cruzar el río Jordán
> y entrar a la tierra que les daré a ustedes los israe-
> litas ... Así como estuve con Moisés, también esta-
> ré contigo; no te dejaré ni te abandonaré. Sé fuerte
> y valiente, porque tú harás que este pueblo herede la
> tierra que les prometí a sus antepasados ... Ya te lo
> he ordenado: ¡Sé fuerte y valiente! ¡No tengas miedo
> ni te desanimes! Porque el Señor [YHWH] tu Dios
> te acompañará dondequiera que vayas (Josué 1:2,
> 5-6, 9).

Este libro trata sobre el Espíritu Santo, pero vemos en
el Antiguo Testamento cómo su dramática presencia dirige, sostiene, alienta y defiende al pueblo de Dios. Y todo
eso sucedió antes de la venida del Hijo de Dios, antes de
su muerte en la cruz, su ascensión al cielo y su promesa de
que enviaría al Espíritu Santo con poder para estar con su
pueblo. Si el Espíritu Santo estuvo presente con gran poder
para hablarle a Moisés y a Josué, y guiar a los ejércitos de
Israel a la tierra prometida, piensa cuánto más bendecirá a

aquellos que han entregado su corazón a Jesús y están llenos de su poder en este momento.

Un ejemplo aún más dramático de la relación del Espíritu Santo con su pueblo lo vemos en un milagro realizado por Josué tras su poderosa victoria sobre cinco reyes amorreos. Mientras sus ejércitos huían, leemos en Josué 10:11, YHWH arrojó grandes piedras de granizo sobre ellos. Al caer la tarde,

> Josué le dijo al SEÑOR [YHWH] en presencia de todo el pueblo: "Sol, detente en Gabaón, luna, párate sobre Ayalón". El sol se detuvo y la luna se paró, hasta que Israel se vengó de sus adversarios … Nunca antes ni después ha habido un día como aquel; fue el día en que el SEÑOR [YHWH] obedeció la orden de un ser humano. ¡No cabe duda de que el SEÑOR [YHWH] estaba peleando por Israel! (Josué 10:12-14).

Imagínate el poder que Dios manifestó para cumplir la oración de su siervo. La rotación de este gigante planeta, en realidad, se desaceleró durante un largo período de tiempo a la voz de uno del pueblo de Dios, activado por El que hace que todo sea.

No puedo pensar en una demostración más grande del magnífico poder confiado al pueblo de Dios por el Espíritu Santo. Mientras escribo este libro, siento que yo mismo estoy al borde de algo enormemente maravilloso que debería estar a la disposición de aquellos de nosotros que estamos llenos del Espíritu del Dios vivo.

Capítulo 5

EL ARCA DE NOÉ

POR MUCHO QUE deseemos que no sea cierto, la historia de la humanidad está llena de ejemplos de rebelión contra Dios.

Solo unas pocas generaciones después de Adán, nació un hombre llamado Noé, cuyo nombre se cree que significa "consuelo". Génesis nos dice que los padres de Noé tenían la intención de que él "nos dará descanso en nuestra tarea y penosos trabajos, en esta tierra que maldijo el SEÑOR [YHWH]" (Génesis 5:29). Sin embargo, en el tiempo de Noé no se podía volver a Dios. De hecho, leemos en Génesis 6:5 que "todos sus pensamientos [del ser humano] tendían siempre hacia el mal". Acaso, ¿no es asombroso el modo en que el pecado se propaga como una plaga y aparentemente se lleva todo a su paso?

El salmista escribió: "Sean, pues, aceptables ante ti mis palabras y mis pensamientos, oh SEÑOR [YHWH], roca mía y redentor mío" (Salmos 19:14). Pero en los días de

Noé, era todo lo contrario. Cada pensamiento que tenían los seres humanos, en esos tiempos, eran siempre en el mal. La Escritura dice que YHWH se arrepintió de haber hecho al hombre en la tierra. Estoy seguro de que algunas personas habrían dicho como lo hacen ahora en las negociaciones globales: "¿Por qué no razonar con ellos y esperar que se reformen?". YHWH lo sabía mejor. Esas personas estaban demasiado idas. Reformarse no era una opción.

YHWH, en su sabiduría, estaba consciente de que la tierra debía ser limpia de sus malvados habitantes, por lo que "El que hace que todo sea" comenzaría una nueva creación usando la única familia que encontró justa en toda la humanidad: la de Noé y sus hijos.

En este caso, como ocurre en toda la Biblia, el Espíritu Santo buscó un compañero humano para cumplir sus deseos en la tierra. Él pudo haber creado un barco por sí mismo. Pudo haber traído a los animales por sí mismo. Pudo haber provisto alimento para los animales por sí mismo. Y pudo haber comenzado una nueva raza humana él mismo. Sin embargo, instruyó a Noé con precisión sobre el tipo de barco que debía construir, los materiales que debía emplear, las dimensiones y lo que debía poner a bordo.

En esta porción de Génesis se destacan dos versículos interesantes. El versículo 6:22 dice: "Noé hizo todo según lo que Dios [Elohim] le había mandado". En la siguiente oración, leemos: "El Señor [YHWH] le dijo a Noé: 'Entra en el arca con toda tu familia, porque tú eres el único hombre justo que he encontrado en esta generación'" (Génesis 7:1). Más adelante, en el versículo 5, vemos que Noé hizo todo lo que YHWH le ordenó. Francamente, no tengo respuesta en cuanto a por qué un versículo describe a Dios como Elohim y el otro se refiere a la Deidad del pacto de YHWH. Sin embargo, es "El que hace que todo sea" quien dirigió la construcción del arca, seleccionó a los pasajeros para el arca, describió su función y luego la selló. Al final del diluvio, Dios envió un viento que secó la tierra y le dijo a Noé: "Sal del arca junto con tus hijos, tu esposa y tus nueras" (Génesis 8:16). Sin embargo, en Génesis 8:21 leemos que Noé edificó un altar a YHWH y ofreció holocaustos. YHWH olió el agradable aroma y dijo, en su corazón: "Aunque las intenciones del ser humano son perversas desde su juventud, nunca más volveré a maldecir la tierra por culpa suya". En este encuentro, parece que contemplamos la operación de la Trinidad de Dios; ya que vemos, tanto al Padre como al Espíritu Santo, trabajando juntos para limpiar la raza humana y luego comenzar todo de nuevo a la imagen de Dios.

Capítulo 6

ABRAHAM, LA BENDICIÓN DE TODA LA HUMANIDAD

A TRAVÉS DE LOS siglos, a medida que la raza humana se multiplicaba en número y diversidad, quedó claro que YHWH decidió restringir su revelación a un hombre y sus descendientes. Ellos, a su vez, recibirían una visión profética de dos mil años, un cuerpo de lo que conocemos como Escritura. El apóstol Pablo le escribió a su discípulo Timoteo y le dijo: "Toda la Escritura es inspirada por Dios" (2 Timoteo 3:16).

Y en 2 Pedro 1:21 leemos: "Porque la profecía no ha tenido su origen en la voluntad humana, sino que los profetas hablaron de parte de Dios, impulsados por el

Espíritu Santo". Vemos que el Espíritu Santo decidió preparar el registro escrito de sus planes para toda la humanidad, incluido liberar a la raza humana de las cadenas del pecado por el sacrificio y la resurrección de la Palabra de Dios. El Hijo de Dios, a su vez, derramaría el poder del Espíritu de Dios sobre toda carne antes de que el Dios Trino creara de nuevo el cielo y la tierra, haciendo nuevas todas las cosas.

Mientras escribo este libro, la religión conocida como cristianismo, que toma su nombre del término griego para el Mesías judío (*Christos*), es la mayor expresión de adoración en el mundo. Un consorcio de traductores de la Biblia me dijo que dentro de unos treinta y seis años, la Biblia, dada a los descendientes judíos de Abraham por el Espíritu Santo, tendrá al menos una traducción parcial a todos los idiomas que existen sobre la faz de la tierra. Algunos que están buscando una pista sobre cuándo regresará el Señor considerarán instructivas estas palabras de Jesucristo: "Y este evangelio del reino se predicará en todo el mundo como testimonio a todas las naciones, y entonces vendrá el fin" (Mateo 24:14). ¿Será posible que, en nuestros días, la revelación de Dios a través del Espíritu Santo a la humanidad incluya presenciar la *Parusía* (la aparición del Hijo de Dios para entregar los reinos de este mundo al Padre, uniendo una vez más a toda la creación bajo el liderazgo glorioso del Dios Trino)?

Cientos de años después de que la humanidad se dispersó, YHWH eligió apartar para sí a la familia de Taré, que fue el padre de Abram, Harán y Nacor. Ellos se mudaron de Ur de los caldeos, en lo profundo de Mesopotamia, a la tierra de Canaán, probablemente la actual Palestina. Luego, en Génesis 12:1, YHWH le dijo a Abram: "Deja tu tierra, tus parientes y la casa de tu padre, y vete a la tierra que te mostraré". En Génesis 12:2-3, leemos: "Haré de ti una nación grande, y te bendeciré; haré famoso tu nombre, y serás una bendición. Bendeciré a los que te bendigan y maldeciré a los que te maldigan; ¡por medio de ti serán bendecidas todas las familias de la tierra!".

En su viaje hacia el sur, Abram se encontró con un hombre llamado Melquisedec, sacerdote del Dios Altísimo. *Melquisedec*, en hebreo, significa "Rey de justicia". Melquisedec bendijo a Abram en el nombre del Dios Altísimo, creador del cielo y de la tierra. Abram, a su vez, le dio a Melquisedec la décima parte del botín que ganó en la batalla contra el rey de Sodoma.

Cuestión aparte, esto se usa a menudo como modelo para las organizaciones cristianas que afirman que ciertamente es bíblico diezmar a un ente o lugar en el que eres bendecido.

En Génesis 17:1-2 aprendemos que cuando Abram tenía noventa y nueve años, YHWH se le apareció y le dijo: "Yo soy el Dios Todopoderoso. Vive en mi presencia y sé intachable. Así confirmaré mi pacto contigo, y multiplicaré tu descendencia en gran manera". Está claro en el relato de Génesis que Abram, más tarde llamado Abraham (el "padre de las naciones"), era inusualmente favorecido por YHWH. De hecho, hay un acontecimiento notable en Génesis 15 cuando Abraham agarró una becerra, una cabra y un carnero, junto con una paloma y un pichón, y los partió por la mitad y los puso en el suelo. "Al anochecer, Abram cayó en un profundo sueño" (versículo 12). Después del anochecer, "aparecieron una hornilla humeante y una antorcha encendida, las cuales pasaban entre los animales descuartizados. En aquel día el Señor [YHWH] hizo un pacto con Abram. Le dijo: 'A tus descendientes les daré esta tierra'" (Génesis 15:17-18).

"El que hace que todo sea" eligió a un hombre, Abraham, para que fuera el padre del pueblo escogido a través de su hijo, Isaac; al hijo de Isaac, Jacob; y a los doce hijos de Jacob. Dios le confiaría a esa familia sus oráculos, casi dos milenios de historia hasta —finalmente— la llegada del Hijo de Dios como Salvador del mundo.

Un hecho particularmente revelador ocurrió cuando Dios le prometió a Abraham que su descendencia sería tan numerosa como las estrellas. El apóstol Pablo, en el libro de Romanos, describe la circunstancia con gran intensidad. Abraham "no consideró su propio cuerpo" (que tenía casi cien años), ni "la esterilidad" de la matriz de su esposa, sino que "se reafirmó en su fe y dio gloria a Dios, plenamente convencido de que Dios tenía poder para cumplir lo que había prometido" (Romanos 4:19-21). "Abraham le creyó a Dios, y esto se le tomó en cuenta como justicia" (Gálatas 3:6).

YHWH le había prometido a Abraham que tendría un hijo pero, a pesar de que su esposa no tenía hijos y de su padecimiento, dio a luz a su criatura: Isaac, cuyo nombre significa "risa", porque Sara se rio cuando escuchó que quedaría embarazada y daría a luz.

Cuando el hijo de la promesa, Isaac, tenía unos doce años, Dios le ordenó a Abraham que lo sacrificara en un lugar llamado Monte Moria. Sin duda, Dios usó a Isaac para que sirviera como modelo de su propio Hijo, Jesús. Puesto que Jesús era el Cordero sacrificial, totalmente rendido a la voluntad del Padre y que, en realidad, llevó su propia cruz al Calvario, así como Isaac llevó la leña para su propio sacrificio al Monte Moria. Esa fue probablemente la prueba más cruel que jamás se le pudo dar a un ser humano: hundir un cuchillo en el corazón del objeto de sus esperanzas y sueños. Sin embargo, eso fue lo que Dios le pidió que hiciera a Abraham.

Un instante antes de que clavara el cuchillo en el corazón de Isaac, un ser conocido como el ángel de YHWH llamó desde el cielo y le dijo a Abraham: "No pongas tu mano sobre el muchacho" (Génesis 22:12). Y he aquí, al otro lado de la montaña había un carnero atrapado en la espesura que iba a ser la ofrenda sacrificial en lugar de Isaac. A partir de ese momento, la bendición plena del Señor cayó sobre Abraham. En Génesis 22:15-18, leemos:

El ángel del Señor [YHWH] llamó a Abraham por segunda vez desde el cielo, y le dijo: Como has hecho esto, y no me has negado a tu único hijo, juro por mí mismo —afirma el Señor [YHWH]— que te bendeciré en gran manera, y que multiplicaré tu descendencia como las estrellas del cielo y como la arena del mar. Además, tus descendientes conquistarán las ciudades de sus enemigos. Puesto que me has obedecido, todas las naciones del mundo serán bendecidas por medio de tu descendencia.

De ahí en adelante, aunque el Espíritu Santo hablaba de vez en cuando a personas en diversas circunstancias, la principal revelación del Espíritu Santo se dirigió a los judíos descendientes de Abraham. Las Sagradas Escrituras, tanto el Antiguo como el Nuevo Testamento con una excepción (el Evangelio de Lucas), estaban todas en manos de los descendientes directos de Abraham. Como he mostrado, fue el Espíritu Santo, conocido por su nombre de pacto —YHWH— el que dirigió la revelación a Abraham y quien comenzó a hablar a los descendientes de Abraham: los profetas, reyes, maestros y oficiales del templo. Examinemos ahora lo que ellos tenían que decir sobre el Espíritu Santo.

Capítulo 7

Una nación situada muy por encima de las demás

INCLUSO CUANDO YHWH escogió a Abraham y sus descendientes como el instrumento de su revelación para toda la humanidad, aprendemos que YHWH condujo cuidadosamente a los israelitas a la tierra prometida. Les prometió bendiciones extraordinarias y, al mismo tiempo, no dudó en mostrar su ira si ignoraban espontáneamente sus mandatos expresos.

El nombre del Libro de Deuteronomio deriva de dos palabras griegas: *deuteros*, que significa "segundo", y *nomos*, que quiere decir ley. Así que Deuteronomio es la segunda recitación de la ley de Dios a la gente. Observa con cuánta cercanía trató YHWH a los israelitas:

"Hoy el Señor [YHWH] tu Dios te manda obedecer estos preceptos y normas ... Hoy has declarado que el Señor [YHWH] es tu Dios y que andarás en sus caminos, que prestarás oído a su voz y que cumplirás sus preceptos, mandamientos y normas. Por su parte, hoy mismo el Señor [YHWH] ha declarado que tú eres su pueblo, su posesión preciosa, tal como lo prometió. Obedece, pues, todos sus mandamientos. El Señor [YHWH] ha declarado que te pondrá por encima de todas las naciones que ha formado, para que seas alabado y recibas fama y honra. Serás una nación consagrada al Señor [YHWH] tu Dios" (Deuteronomio 26:16-19).

Reflexiona en estas maravillosas promesas que fluyeron de YHWH al pueblo de Israel, si es que YHWH es el nombre de pacto del Espíritu Santo. Creo que cada uno de mis lectores comprenderá mi deseo de que reciban las bendiciones que el Espíritu Santo otorgará a su pueblo escogido.

Considera estas palabras que se encuentran casi al inicio de Deuteronomio 28:

El Señor [YHWH] tu Dios te pondrá por encima de todas las naciones de la tierra ...
Bendito serás en la ciudad y bendito en el campo.
Benditos serán el fruto de tu vientre,
tus cosechas, las crías de tu ganado,

los terneritos de tus manadas
y los corderitos de tus rebaños.
Benditas serán tu canasta y tu mesa de amasar.
Bendito serás en el hogar, y bendito en el camino
El SEÑOR [YHWH] te concederá la victoria sobre
tus enemigos. Avanzarán contra ti en perfecta forma-
ción, pero huirán en desbandada.

El SEÑOR [YHWH] bendecirá tus graneros, y todo
el trabajo de tus manos. El SEÑOR [YHWH] tu Dios
te bendecirá en la tierra que te ha dado.

El SEÑOR [YHWH] te establecerá como su pueblo
santo, conforme a su juramento, si cumples sus mandamientos y andas en sus caminos. Todas las naciones de la tierra te respetarán al reconocerte como el
pueblo del SEÑOR [YHWH]. El SEÑOR [YHWH]
te concederá abundancia de bienes: multiplicará tus
hijos, tu ganado y tus cosechas en la tierra que a tus
antepasados juró que te daría.

El SEÑOR [YHWH] abrirá los cielos, su genero-
so tesoro, para derramar a su debido tiempo la llu-
via sobre la tierra, y para bendecir todo el trabajo de
tus manos. Tú les prestarás a muchas naciones, pero
no tomarás prestado de nadie. El SEÑOR [YHWH] te
pondrá a la cabeza, nunca en la cola. Siempre estarás
en la cima, nunca en el fondo, con tal de que pres-
tes atención a los mandamientos del Señor [YHWH]
tu Dios que hoy te mando, y los obedezcas con cuidado. Jamás te apartes de ninguna de las palabras
que hoy te ordeno, para seguir y servir a otros dioses
(Deuteronomio 28:1, 3-14).

¿Acaso puede nuestra imaginación comprender las bendiciones que el Espíritu Santo nos dará si le obedecemos y seguimos su instrucción? Él nos levantará, nos prosperará, nos mantendrá con salud y contestará nuestras oraciones. Dado que todo el mundo pertenece al Espíritu Santo, obviamente que no necesita una reunión de comité para determinar quién ha de recibir sus bendiciones. Creo que cada uno de nosotros debería repetir una y otra vez las promesas que él le hizo a Moisés.

Aunque, por supuesto, los descendientes físicos de Abraham son los herederos de las promesas hechas por el Espíritu Santo a Abraham, creo que es justo decir que los que estamos vinculados al Mesías de Israel también somos hijos espirituales de Abraham. Y yo, por mi parte, reclamo sus promesas. Considera que el Espíritu Santo no es limitado. Al contrario, es infinito. Si derrama bendiciones sobre ti, también puede derramarlas sobre mí. Si le da bendiciones a tu prójimo o a su negocio o familia, es porque tiene suficientes recursos a su disposición como Dios infinito que es para recompensarnos a cada uno con las bendiciones mencionadas en Deuteronomio 28.

Como conclusión del maravilloso mensaje que YHWH le dio a Moisés para que lo entregara al pueblo, le dio esta orden final en Deuteronomio 30:15-20:

> Hoy te doy a elegir entre la vida y la muerte, entre el bien y el mal. Hoy te ordeno que ames al Señor [YHWH] tu Dios, que andes en sus caminos, y que cumplas sus mandamientos, preceptos y leyes. Así vivirás y te multiplicarás, y el Señor [YHWH] tu

Dios te bendecirá en la tierra de la que vas a tomar posesión...

Elige, pues, la vida, para que vivan tú y tus descendientes. Ama al Señor [YHWH] tu Dios, obedécelo y sé fiel a él, porque de él depende tu vida, y por él vivirás mucho tiempo en el territorio que juró dar a tus antepasados Abraham, Isaac y Jacob.

Para mí es claro que las palabras del Espíritu Santo extendidas a Moisés —las que a través de él nos llegan hoy— tienen el mismo poder que el día en que se pronunciaron por primera vez. Por eso, con nuestros amigos judíos, digo: *"L'chaim"* ("Por la vida"). Optemos todos por la vida bajo el benévolo cuidado del Espíritu Santo, que nunca nos dejará ni nos abandonará.

El pueblo de Dios, a lo largo de los años, ha sido confrontado por el poder satánico y la maldad de otros seres humanos que no han dudado en detenerlos, torturarlos, encarcelarlos y matarlos. El apóstol Pablo nos dijo que enfrentaríamos muchas presiones al entrar al reino de Dios. Sin duda, Dios tiene la intención de bendecir a los hijos de Abraham y a los que comparten su herencia. Pero también debemos entender que hay una lucha titánica en los lugares celestiales entre un Creador todopoderoso y el llamado "príncipe de la potestad del aire". Al Jesús a quien servimos, el incomparable Hijo de Dios, se le permitió sufrir una muerte horrible en la cruz y cargar con el castigo por el pecado de la humanidad. Ahora entramos en sus bendiciones, por lo que insto a todos los que lean este libro a que consideren que —en verdad— estamos sentados en los lugares celestiales con Cristo Jesús. Debemos reclamar para nosotros las promesas de Dios y sus bendiciones, muy conscientes de que algunos pueden compartir el destino del apóstol Pablo, que sufrió pruebas extraordinarias mientras nos traía su mensaje; o el apóstol Pedro, que en sus últimos años fue crucificado en Roma.

Capítulo 8

El rey David predice al Mesías

HEMOS MOSTRADO QUE el Espíritu Santo escogió a un hombre llamado Abraham que traería a la familia que iba a entregar su mensaje al mundo y que, en definitiva, sería el vehículo humano para que surgiera la Palabra de Dios encarnada, el Mesías, que moriría por la redención de la humanidad.

En verdad, los descendientes de Abraham eran especiales para YHWH. Uno de ellos era un rey llamado David, de quien se decía que era "un varón conforme a su corazón [el de Dios]" (1 Samuel 13:14 RVR1960). La relación de David con el Espíritu Santo era profunda. En 1 Crónicas 14:2 leemos que "David se dio cuenta de que el SEÑOR [YHWH], por amor a su pueblo, lo había establecido a él como rey sobre Israel y había engrandecido su reino". En el versículo 17 del mismo capítulo, leemos: "La fama de David se extendió por todas las regiones, y el SEÑOR [YHWH] hizo que todos los pueblos le tuvieran miedo". Aquí vemos claramente que la bendición del Espíritu Santo puede exaltar al que él favorezca. Y si esa persona resulta ser la cabeza de un país, el Espíritu Santo traerá temor de él a todas las naciones vecinas. El Espíritu Santo le dio a David una gran cantidad de maravillosos salmos de alabanza. Parece que el Señor había elevado el espíritu de David a un nivel de júbilo, lo cual es raro en cualquier ser humano.

Después que David estableció la capital en Sión, comenzó a hacer planes para construir un templo, no para que lo habitara el Dios de la creación, sino para honrar al nombre de YHWH. Sin embargo, la Biblia nos dice que el profeta Natán recibió una palabra de Dios que decía: "Ve y dile a mi siervo David que así dice el SEÑOR [YHWH]: No serás tú quien me construya una casa para que yo la habite" (1 Crónicas 17:4). Y en 2 Samuel 7 señala:

> Yo te saqué del redil para que, en vez de cuidar ovejas, gobernaras a mi pueblo Israel … Y ahora voy a hacerte tan famoso como los más grandes de la tierra. También voy a designar un lugar para mi pueblo Israel, y allí los plantaré para que puedan vivir sin sobresaltos …
>
> El SEÑOR [YHWH] te hace saber que será él quien te construya una casa … yo pondré en el trono a uno de tus propios descendientes, y afirmaré su reino. Será él quien construya una casa en mi honor, y yo afirmaré su trono real para siempre (2 Samuel 7:8-13).

1 Crónicas 17 nos dice lo que sigue:

> Luego el rey David se presentó ante el Señor [YHWH] y le dijo: "Señor [YHWH] y Dios, ¿quién soy yo, y qué es mi familia, para que me hayas hecho llegar tan lejos? ... ¡Me has tratado como si fuera yo un hombre muy importante, Señor [YHWH] y Dios! ... Señor [YHWH], tú has hecho todas estas grandes maravillas, por amor a tu siervo y según tu voluntad, y las has dado a conocer. Señor [YHWH], nosotros mismos hemos aprendido que no hay nadie como tú, y que aparte de ti no hay Dios (1 Crónicas 17:16-17, 19-20).

Esto muestra la extraordinaria intimidad entre el Espíritu Santo y su siervo David. Además, proporciona un modelo para que personas de todas las edades se den cuenta de que el Espíritu Santo no es una deidad lejana, sino que es completamente accesible para aquellos que lo aman. También vemos aquí que el Espíritu Santo concede a sus siervos no solo promesas de bendición inmediata, sino también conocimiento de sucesos lejanos.

De la relación entre David y YHWH, surgieron varios salmos que muestran detalles precisos sobre la crucifixión de Jesús. Estos llamados *salmos mesiánicos* son claramente proféticos e impulsados por el Espíritu de Dios. Creo que David los escribió sin siquiera percatarse de que en realidad estaba describiendo los sufrimientos de Jesucristo, el Mesías ungido e Hijo de Dios.

Considera las palabras del salmo veintidós, que describe casi al pie de la letra lo que le sucedió a Jesucristo en la cruz:

> Cuantos me ven, se ríen de mí; lanzan insultos, meneando la cabeza: "Este confía en el Señor [YHWH], ¡pues que el Señor [YHWH] lo ponga a salvo! Ya que en él se deleita ...
>
> No te alejes de mí, porque la angustia está cerca y no hay nadie que me ayude ...
>
> Como agua he sido derramado; dislocados están todos mis huesos. Mi corazón se ha vuelto como cera, y se derrite en mis entrañas. Se ha secado mi vigor como una teja; la lengua se me pega al paladar ... todos mis huesos están descoyuntados. Mi corazón se ha convertido en cera; se ha derretido dentro de mí. Mi boca está seca como un tiesto, y mi lengua se pega al paladar ... la gente se detiene a mirarme. Se reparten entre ellos mis vestidos y sobre mi ropa echan suertes (Salmos 22:7-8, 11, 14-15, 17-18).

También está el Salmo 51, en el que David confiesa al Señor los pecados de adulterio con Betsabé y el asesinato de su esposo, Urías. David confiesa sus pecados ante el Señor y pide ser limpiado. Así que le dice a Dios: "Devuélveme la alegría de tu salvación; que un espíritu obediente me sostenga" (versículo 12). También dice: "No quites de mí tu santo espíritu" (versículo 11 RVR1960). A causa de sus pecados, David había perdido su alegría, por lo que vino con un espíritu humilde y quebrantado, pidiéndole a Dios que lo limpiara y restaurara una relación recta con él.

Dudo muy seriamente que la presencia del Espíritu Santo le hubiera sido quitada a David debido a la atrocidad de sus pecados. Pero había perdido su gozo y su caminar con el Señor. Por lo que deduzco al leer el Salmo 51, el Espíritu Santo todavía estaba con él y continuaría estando con él.

Considera, además, el Salmo 110, en el que David escribe: "Así dijo el Señor [YHWH] a mi Señor: Siéntate a mi derecha hasta que ponga a tus enemigos por estrado de tus pies" (versículo 1). Claramente, el Espíritu Santo le estaba dando inspiración a David. El Espíritu de Dios guio a David a hablar las palabras de YHWH al gobernante al que había encargado de Israel.

Los mensajes proféticos dados a ciertos hombres santos no se limitaron solo a David. También debo mencionar al profeta Isaías, que creo que fue guiado por el Espíritu Santo. Isaías 53 está escrito de una manera que pareciera que el Espíritu Santo le permitiera, como hombre de Dios, internarse en los sufrimientos de Jesucristo en la cruz. El profeta escribe en el versículo 5: "Él fue traspasado por nuestras rebeliones, y molido por nuestras iniquidades; sobre él recayó el castigo, precio de nuestra paz, y gracias a sus heridas fuimos sanados". Aquí vemos la perforación de las manos, los pies y el costado de Jesús. Tienes su espalda destrozada por un vicioso látigo de nueve colas empuñado por un cruel soldado romano.

En los versículos 8 y 9 dice que "fue cortado de la tierra de los vivientes, y por la rebelión de mi pueblo fue herido. Y se dispuso con los impíos su sepultura, mas con los ricos fue en su muerte" (RVR1960). En verdad, Jesucristo fue puesto en la tumba de un hombre rico cerca del Huerto de

Getsemaní. Mucho antes de que sucedieran estas cosas, el Espíritu Santo movió a Isaías a escribir sobre ellas. Estoy seguro de que Isaías no comprendió al sujeto a quien estaban destinadas esas palabras. Tenía que venir de una revelación directa.

No obstante hay algo aún más sorprendente. Considera las siguientes palabras: "Pero el Señor [YHWH] quiso quebrantarlo y hacerlo sufrir y, como él ofreció su vida en expiación, verá su descendencia y prolongará sus días, y llevará a cabo la voluntad del Señor [YHWH]. Después de su sufrimiento, verá la luz y quedará satisfecho" (Isaías 53:10-11). Anteriormente leímos: "Todos andábamos perdidos, como ovejas; cada uno seguía su propio camino, pero el Señor [YHWH] hizo recaer sobre él la iniquidad de todos nosotros" (Isaías 53:6).

Ahora considera el impacto total de estos versículos. En otra parte de las Escrituras vimos que el propio Dios dijo en cuanto a Jesucristo: "Este es mi Hijo amado; estoy muy complacido con él" (Mateo 3:17). Además, en el primer capítulo del Evangelio de Juan aprendimos que "En el principio ya existía el Verbo [o el Hijo de Dios], y el Verbo estaba con Dios, y el Verbo era Dios" (versículo 1). Si mi análisis es correcto, el Señor [YHWH] del Antiguo Testamento es, en realidad, el Espíritu Santo.

Por tanto, lo que Isaías está diciendo en este extraordinario capítulo es que la voluntad del Padre fue aplastar a su Hijo, haciéndolo sufrir para "justificar al hombre" y "llevar sus iniquidades". Luego YHWH lo resucitaría. Recuerdas las palabras de Jesús en la cruz cuando gritó en arameo: "¡*Eloi*! ¡*Eloi*! ¿*Lama sabactani*? (que significa:

¡Dios mío, Dios mío! ¿Por qué me has desamparado?", Marcos 15:34). Lo que Isaías retrata en el capítulo 53 es un evento cósmico. No es simplemente la descripción de un hombre en la tierra. Es la limpieza del pecado de todo un universo a través de la muerte del Hijo de Dios, querida por el Padre y realizada por gestión del Espíritu Santo. Podemos inferir que en la profundidad de la sabiduría de la Deidad, fue necesario que un miembro se sacrificara voluntariamente para lograr la limpieza y redención de todo el universo. De hecho, Jesús murió en la cruz por ti. Jesús murió en la cruz por mí. Jesús murió en la cruz por toda la humanidad.

Jesús, como Hijo de Dios, murió en la cruz para traer la redención no solo a la raza humana, sino a toda la creación.

Antes de su ascensión al cielo, Jesús les dijo a sus discípulos: "Se me ha dado toda autoridad en el cielo y en la tierra" (Mateo 28:18). Su autoridad se extiende a ti y a mí, así como también a todos los planetas y galaxias a lo largo de este vasto universo en el que hacemos nuestro hogar.

Capítulo 9

HOMBRES LLENOS DE SABIDURÍA Y ENTENDIMIENTO

E L ESPÍRITU SANTO de Dios, como hemos visto, es el miembro de la Trinidad a quien se le encomendó la tarea de crear este asombroso universo en el que vivimos. Su habilidad es inmensurable y su capacidad para producir cosas notables en nuestro universo va más allá de la razón. Por lo tanto, no debe sorprender que a lo largo de la historia de la humanidad, el Espíritu Santo haya dado a individuos selectos el poder para fabricar herramientas, implementos, telas e innumerables artículos de utilidad y belleza.

Llamo nuestra atención al Libro del Éxodo en el Antiguo Testamento, donde leemos:

Moisés les dijo a los israelitas: "Tomen en cuenta que el Señor [YHWH] ha escogido expresamente a Bezalel, hijo de Uri y nieto de Jur, de la tribu de Judá, y lo ha llenado del Espíritu de Dios, de sabiduría, inteligencia y capacidad creativa para hacer trabajos artísticos en oro, plata y bronce, para cortar y engastar piedras preciosas, para hacer tallados en madera y realizar toda clase de diseños artísticos y artesanías. Dios les ha dado a él y a Aholiab hijo de Ajisamac, de la tribu de Dan, la habilidad de enseñar a otros. Los ha llenado de gran sabiduría para realizar toda clase de artesanías, diseños y recamados en lana púrpura, carmesí y escarlata, y lino. Son expertos tejedores y hábiles artesanos en toda clase de labores y diseños. Así, pues, Bezalel y Aholiab llevarán a cabo los trabajos para el servicio del santuario, tal y como el Señor [YHWH] lo ha ordenado, junto con todos los que tengan ese mismo espíritu artístico, y a quienes el Señor [YHWH] haya dado pericia y habilidad para realizar toda la obra del servicio del santuario" (Éxodo 35:30-35, 36:1).

Lee cualquier texto secular que elijas y encontrarás una brecha en la credibilidad de la evolución de los neandertales primitivos hacia una sociedad complicada que utiliza herramientas e implementos cada vez más complejos. La verdad es que esas habilidades no "evolucionaron". Les fueron dadas a la humanidad por el Espíritu Santo de Dios. Es su Espíritu quien ha conducido, consciente o inconscientemente, a la raza humana hacia una sofisticación y complejidad crecientes.

Hace algunos años, comencé a estudiar la elaboración de alfombras tejidas a mano. Con ello mi aprecio por cada país creció en la medida en que me enteré de los maravillosos tintes vegetales que se empleaban en el hilo de las alfombras, los elegantes diseños que aparecían en los tapices y la notable habilidad que producía esos hermosos tapetes, algunos con más de quinientos nudos —hechos a mano— cosidos por centímetro cuadrado.

He estado en India, donde algunas personas en las zonas primitivas viven en chozas con pisos de tierra y, sin embargo, las mujeres usan saris simplemente gloriosos con brillantes colores.

Medita en los distinguidos hombres de ciencia, como Isaac Newton, Luis Pasteur y Albert Einstein, y en miles de otros como ellos cuyas mentes pudieron captar una pequeña parte del universo de Dios para mejorar las civilizaciones en las que vivieron.

En nuestra era moderna, recuerdo a George Washington Carver, un hijo de esclavos que fue criado en un hogar cristiano en el que amaban y servían a Jesucristo. Carver, a su manera humilde, elevó esta sencilla oración al Dios al que servía: "Señor Creador, muéstrame los secretos de tu universo". Dios respondió: "Pequeño hombre, no puedes con los secretos de mi universo, pero te mostraré los del maní". A continuación, Carver preguntó: "Señor Creador, ¿qué debo hacer con el maní?". Y Dios le respondió: "Desmenúzalo y vuélvelo a unir". De esa simple oración surgió una extraordinaria variedad de pinturas, plásticos y alimentos que revolucionaron por completo la agricultura del Sur, junto con la soja manipulada por Carver. Una vez más, reitero que estos descubrimientos no evolucionaron. Fluyeron de la creatividad que el Espíritu Santo les dio a uno de sus siervos dispuestos.

Medita también en los célebres compositores como Bach, Handel, Beethoven y Brahms, cuyas mentes se transformaban para escuchar cada instrumento de las orquestas y así producir las notas necesarias para las gloriosas sinfonías que componían.

Es el Espíritu Santo, obrando a través de los siglos, quien trae a esas criaturas hechas a imagen de Dios revelaciones que han excedido lo que podrían haber aprendido en su entorno físico.

Sin embargo, más allá de eso, todos anhelamos una vida después de la muerte con Dios por toda la eternidad. Como afirma el apóstol Pablo: "Ningún ojo ha visto, ningún oído ha escuchado, ninguna mente humana ha concebido lo que Dios ha preparado para quienes lo aman. Ahora bien, Dios nos ha revelado esto por medio de su Espíritu, pues el Espíritu lo examina todo, hasta las profundidades de Dios" (1 Corintios 2:9-10).

Quiero enfatizar nuevamente que Dios no tiene límites. Y como es infinito, su creatividad está a la disposición de todos y cada uno de sus hijos.

El apóstol Pablo escribió a los corintios y los animó a que desearan "los mejores dones" (1 Corintios 12:31). Dios quiere que seamos felices y vivamos una vida abundante. El Espíritu Santo puede cumplir nuestros anhelos más profundos si solo estamos dispuestos a creer en él, confiar en él y obedecer sus mandamientos.

Capítulo 10

Dos profetas notables

AHORA QUIERO DIRIGIR nuestra atención a dos hombres destacados de Israel, a quienes se les llamó profetas. El Espíritu Santo se movía sobre ellos de una manera que se asemeja más claramente a la actividad del Espíritu de Dios en su iglesia de nuestra era moderna. Esos hombres son Elías y Eliseo.

El primero, Elías, tiene un nombre interesante que es universalmente mal pronunciado por nosotros en Occidente. Lo llamamos Elías. Sin embargo, ese no es su nombre en hebreo. En este idioma es EL-Í-YAH. EL es el nombre hebreo "Dios", Í es posesivo y YAH significa "YHWH". Así que el verdadero nombre del profeta es "Mi Dios es YHWH". El otro profeta, Eliseo (EL-Í-SHA), significa "Mi Dios es salvación". Estos dos hombres, bajo el poder de Dios, produjeron milagros asombrosos.

Elías contendió con los sacerdotes de Baal, invocando fuego del cielo sobre un sacrificio en el Monte Carmelo. Cuando Israel sufrió una sequía, Elías se arrodilló y oró, una y otra vez, hasta que apareció una pequeña nube en el cielo que se convirtió en una gran tormenta que eliminó la sequía que había paralizado al país. Elías eligió a Eliseo como su alumno y socio. Mientras viajaban juntos, ambos compartieron los milagros del Espíritu de Dios. Entonces llegó el momento en que YHWH determinó sacar a Elías de la tierra. Un grupo de profetas se dio cuenta de lo que iba a suceder y Eliseo les confirmó su percepción. A medida que leemos la narración, es divertido ver que Eliseo se negó rotundamente a perder de vista a Elías, a pesar de que este intentó —repetidamente— quedarse solo.

Al final, cuando se acercaba su partida, Elías le preguntó a Eliseo qué favor le gustaría recibir. Eliseo le dijo: "Te ruego que una doble porción de tu espíritu sea sobre mí". Eso era mucho pedir, porque Elías había realizado milagros extraordinarios y había sido visitado por el Espíritu de Dios en repetidas ocasiones. Así que le dijo a Eliseo: "Cosa difícil has pedido. Si me vieres cuando fuere quitado de ti, te será hecho así; mas si no, no" (2 Reyes 2:9-10 RVR1960).

Ese es un ejemplo para nosotros hoy, en cuanto a buscar el poder de Dios pese a cualquier obstáculo o circunstancia; para que no nos dejemos intimidar por aquellos que afirman que no podemos hacer algo, que nos dicen que nuestro deseo espiritual es difícil de alcanzar. ¿Cuántas veces me han dicho, personalmente, que el curso que Dios trazó para mí era imposible? Eliseo se negó a aceptar un no por respuesta, tal como aprendimos en la historia de Jacob, que luchó con un ángel y se negó a dejarlo ir hasta que recibió la bendición.

Estas palabras de Jesús se expresan en tiempo presente de la lengua griega, es decir: sigue pidiendo, sigue buscando, sigue llamando. Así que "Pidan, y se les dará; busquen, y encontrarán; llamen, y se les abrirá" (Mateo 7:7). Esto es lo que llaman oración importuna, cosa que Eliseo dominaba a la perfección.

Cuando Elías y Eliseo se acercaron a un río, Elías tomó su manto y golpeó el agua. El agua se separó y los dos hombres caminaron sobre tierra firme. Un poco más adelante, apareció en el cielo un carro de fuego y Elías fue arrebatado a las alturas en un torbellino. En el proceso, su manto cayó al suelo. Eliseo lo recogió, lo enrolló, se acercó al arroyo que habían vadeado antes y gritó: "¿Dónde está el Señor, el Dios de Elías?" (2 Reyes 2:14). Cuando tocó la superficie, las aguas se abrieron y cruzó por tierra seca.

En la Biblia aprendemos que el Espíritu Santo capacitó a Eliseo para realizar el doble de milagros que Elías. Él pidió el doble y lo obtuvo. Ahora echemos un vistazo a la manera en que el Espíritu Santo le permitió a Eliseo realizar obras milagrosas tras recibir una doble porción del Espíritu que tenía Elías; que suponemos era el Espíritu Santo de Dios.

1. **La sanidad del agua.** En una ciudad cercana a Jericó, la gente le dijo a Eliseo: "El agua es mala, y por eso la tierra ha quedado estéril" (2 Reyes 2:19). Eliseo agarró sal e hizo una declaración profética. "Así dice el Señor [YHWH]: ¡Yo purifico esta agua para que nunca más cause muerte ni esterilidad!" (2 Reyes 2:21). El agua se ha mantenido pura hasta hoy.

2. **YHWH defiende a su profeta.** Mientras Eliseo caminaba en los alrededores de Betel, un grupo de jóvenes comenzaron a burlarse de él. Su reacción difícilmente habría sido considerada como la de un seguidor de Cristo. Lo que hizo fue que invocó sobre ellos una maldición en el nombre de YHWH; acto seguido, aparecieron dos osos y devoraron a los jóvenes conforme a la palabra dicha por el profeta.

3. **La victoria militar.** Tres reyes, incluido el de Israel, marcharon contra Moab. Pero los ejércitos se quedaron sin agua después de siete días, por lo que se enfrentaban a la muerte. Eliseo pidió un músico, y "mientras el músico tañía el arpa, la mano del Señor [YHWH] vino sobre Eliseo, y este dijo: Así dice el Señor ... este valle se llenará de agua ... Esto es poca cosa para el Señor [YHWH]" (2 Reyes 3:15, 17-18). Mientras decía eso, la tierra seca se llenó de agua. Los moabitas vieron el agua como sangre y se lanzaron a una emboscada israelí en la que fueron masacrados.

4. **El aceite de la viuda.** La viuda de uno de los profetas de Eliseo fue amenazada por sus acreedores. Eliseo le dijo que reuniera todas las ollas que pudiera encontrar, luego tomara el poco aceite que tenía y comenzara a verterlo. Mientras lo vertía, el aceite se multiplicó hasta que cada una de las ollas estuvieron llenas. Luego vendió el aceite y los acreedores quedaron satisfechos.

5. **El hijo de la viuda resucitado.** Una dama acomodada instaló una "cámara de profeta" con el fin de que Eliseo tuviera un lugar para descansar en sus viajes. Eliseo le preguntó a su ayudante, Guiezi, qué podía hacer para ayudar a aquella dama y este respondió: "Ella no tiene hijos, y su esposo ya es anciano" (2 Reyes 4:14). Mientras la mujer

estaba delante de él, Eliseo profetizó bajo la unción del Espíritu Santo y dijo: "El año que viene, por esta fecha, estarás abrazando a un hijo" (2 Reyes 4:16). Al cabo de un año, no solo quedó embarazada, sino que dio a luz un hijo, tal como lo había profetizado Eliseo.

Sin embargo, cuando el niño creció un poco, sufrió lo que probablemente fue un derrame cerebral y murió. Cuando la noticia de la tragedia llegó a Eliseo, envió a su sirviente a la mujer afligida y luego acudió él mismo. Cuando Eliseo llegó a la casa, encontró al niño muerto tendido en un lecho. Así que entró, cerró la puerta ante los dos y oró a YHWH. Se colocó sobre el niño una vez, luego caminó de un lado a otro en la habitación y repitió la maniobra. El niño muerto estornudó siete veces y se incorporó. La oración del profeta fue respondida y, como instrumento de YHWH, resucitó al muerto.

6. **Muerte en la olla.** Los discípulos de Eliseo habían reunido algunas calabazas y otras verduras para hacer un guiso con el objeto de almorzar. Aparentemente, una de las calabazas era venenosa y los profetas no podían comerla. Entonces Eliseo dijo con valentía: "Tráiganme harina" (2 Reyes 4:41). La echó en la olla y el veneno se desvaneció, haciendo que el guiso fuera saludable y comestible.

7. **Alimentación de los cien.** En otro caso, un hombre se acercó a Eliseo con una canasta y veinte panes de cebada. Me imagino que eran del tamaño de los bolsillos de pan de pita que se sirven en los restaurantes de Medio Oriente. "¿Cómo voy a alimentar a cien personas con esto?, replicó el criado. Pero Eliseo insistió: Dale de comer a la gente, pues así dice el Señor [YHWH]: Comerán y habrá de

sobra" (2 Reyes 4:43). Efectivamente, todos los hombres se llenaron y hubo sobras en cantidad. Esto fue muy parecido a lo que vimos en los días de Jesús, cuando agarró el almuerzo de un niño pequeño —consistente en cinco panes y dos pescados— y alimentó a cinco mil personas.

8. La sanidad de Naamán. El rey de Aram (la actual Siria) tenía en su ejército a un general llamado Naamán. Este enfermó de lepra, con todos los problemas sociales que implicaba la enfermedad. En 2 Reyes 5, una joven sirvienta que habían capturado en Israel, le dijo a la esposa de Naamán: "¡Ojalá el amo fuera a ver al profeta que hay en Samaria, porque él lo sanaría de su lepra" (versículo 3). Naamán acudió al rey, el cual le escribió una carta —al rey de Israel— que decía: "Cuando te llegue esta carta, verás que el portador es Naamán, uno de mis oficiales. Te lo envío para que lo sanes de su lepra" (versículo 6). Por supuesto, el rey de Israel se horrorizó. No podía curar a nadie de nada, por lo que supuso que ese mensaje era simplemente un truco para iniciar otra guerra. Entonces Naamán, con todas sus galas militares y con un contingente de tropas, llegó a la puerta de la casa de Eliseo y, en lo que hubiera parecido el último desaire, el profeta envió un sirviente al general y le dijo simplemente: "Ve y zambúllete siete veces en el río Jordán; así tu piel sanará, y quedarás limpio" (versículo 10). Ante eso, Naamán se enfureció. "¡Yo creí que el profeta saldría a recibirme personalmente para invocar el nombre del Señor [YHWH] su Dios, y que con un movimiento de la mano me sanaría de la lepra! ¿Acaso los ríos de Damasco, el Abaná y el Farfar, no son mejores que toda el agua de Israel? ¿Acaso no podría zambullirme en ellos y quedar limpio?" (versículos 11-12). Así que salió corriendo con un fuerte resoplido.

¿No se parece esto a muchos de nosotros hoy? Tenemos una noción preconcebida de lo que Dios debe hacer para salvarnos, bendecirnos, prosperarnos, instruirnos. Si el Espíritu Santo no lo hace a nuestra manera, no queremos que se haga, en absoluto.

A lo largo de la historia, los generales, los jefes de estado y los altos funcionarios han comenzado a pensar más de sí mismos que lo que deberían. Recuerdo que me atacaron cuando intenté conseguir un cargo público por creer en un poder superior al del Presidente de los Estados Unidos. Uno de mis elocuentes partidarios dijo de manera muy convincente: "¿No estaríamos mejor con un presidente que cree en un poder superior que uno que piensa que es el poder superior?".

A pesar de la ira y el orgullo herido de Naamán, uno de sus oficiales más jóvenes le dijo: "Señor, si el profeta le hubiera mandado hacer algo complicado, ¿usted no le habría hecho caso? ¡Con más razón si lo único que le dice a usted es que se zambulla, y así quedará limpio!" (2 Reyes 5:13). En nuestro mundo, habríamos dicho: "Comandante, ¿qué puede perder si hace algo tan simple como eso?".

Entonces Naamán se humilló, se sumergió en el río Jordán y salió del agua completamente sano de su lepra. De forma que se apresuró a volver a la casa de Eliseo para agradecerle y le ofreció un regalo a cambio de ese maravilloso milagro. Eliseo respondió con estas palabras: "¡Tan cierto como que vive el Señor [YHWH], a quien yo sirvo, que no voy a aceptar nada!" (2 Reyes 5:16). Aunque Naamán le insistió, él se negó. "Puedes irte en paz", le dijo el profeta, y con eso, ese orgulloso guerrero se convirtió en un humilde siervo de YHWH, el Dios Altísimo.

9. La duplicidad de Guiezi. El siervo de Eliseo, Guiezi, escuchó la conversación y pensó en lo tonto que era rechazar un regalo de aquel general. Así que sin decírselo a Eliseo, corrió tras Naamán y le dijo: "Mi amo me ha enviado con este mensaje: 'Dos jóvenes de la comunidad de profetas acaban de llegar de la sierra de Efraín. Te pido que me des para ellos tres mil monedas de plata y dos mudas de ropa'" (2 Reyes 5:22). Como es natural, Naamán estaba dispuesto a dar ese pequeño regalo y mucho más. Pero Guiezi tomó el dinero y la ropa, luego los escondió en su casa sin decírselo a Eliseo. Cuando el profeta lo interrogó, Guiezi mintió. Entonces Eliseo dijo: "¿No estaba yo presente en espíritu cuando aquel hombre se bajó de su carro para recibirte?" (2 Reyes 5:26).

El Espíritu de Dios le dio a Eliseo lo que el Nuevo Testamento llama una "palabra de conocimiento" para conocer la existencia de cosas que no están al alcance de los cinco sentidos. Pero Eliseo no había terminado. Hablando por el poder del Espíritu Santo, le dijo a Guiezi: "Ahora la lepra de Naamán se te pegará a ti y a tus descendientes para siempre" (2 Reyes 5:27). En este caso, el Espíritu Santo le dio a su siervo no solo el poder de conocer sucesos que no están al alcance de los sentidos, sino el de sanar enfermedades y, en retribución, pronunciar una maldición que produjo una enfermedad.

10. Una hacha flotante. La compañía de profetas acudió a Eliseo con la solicitud de ampliar sus habitaciones en una zona boscosa aledaña. Así que comenzaron a talar los árboles para limpiar el terreno y obtener la madera necesaria para construir la vivienda. Mientras laboraban, la cabeza de un hacha cayó al río Jordán. Ese implemento era raro, pero muy necesario. Entonces Eliseo cortó un palo en forma de mango de hacha y lo lanzó al agua. La cabeza del hacha flotó hasta la superficie y Eliseo instruyó a los hombres para que la recogieran. En este ejemplo, el Espíritu Santo, por mandato del profeta, cambió la consistencia de la cabeza del hacha de hierro para que flotara o fueron las características del agua circundante las que cambiaron de alguna manera. Este es un microcosmos más pequeño del milagro experimentado por Jesucristo cuando se le vio caminando sobre las aguas del mar de Galilea y rescató al apóstol Pedro, que había logrado con éxito esa notable hazaña hasta que el miedo se apoderó de él y comenzó a hundirse.

11. La revelación del campamento arameo. Cuando el ejército de Aram se instaló en un lugar para acampar, el Espíritu Santo le dio una "palabra de conocimiento" a Eliseo, que advirtió al rey de Israel que evitara ese lugar fortificado. Por supuesto, el rey de Aram supuso que había un espía en medio de ellos. Sus funcionarios dijeron que no había tal espía, que eso era obra del profeta Eliseo.

12. Eliseo manifiesta el discernimiento de espíritus. El rey de Aram determinó que podía desplegar sus fuerzas con éxito si eliminaba a Eliseo, por lo que envió un importante equipo armado para capturar al profeta. Cuando Eliseo y su sirviente salieron de su vivienda por el día, se encontraron con el grupo de soldados armados. El sirviente se aterrorizó por lo que estaba a punto de suceder, pero

Eliseo respondió con calma: "Los que están con nosotros son más que ellos". Luego dijo: "Señor [YHWH], ábrele a Guiezi los ojos para que vea" (2 Reyes 6:17). Entonces YHWH permitió que el siervo viera en el mundo invisible una multitud de caballos y carros de fuego. Debemos concluir que un ejército de seres angélicos nos rodea. En el Nuevo Testamento, la plenitud del Espíritu Santo permite el "discernimiento de espíritus", entre otros dones. Esto claramente no es discernir meramente demonios; es la capacidad de ver el mundo espiritual que nos rodea a todos.

13. Los arameos quedaron ciegos. La Biblia dice: "Eliseo volvió a orar: Señor, castiga a esta gente con ceguera" (2 Reyes 6:18). Y en ese instante, el ejército no pudo ver. Eliseo se acercó a ellos y les dijo: "Síganme, que yo los llevaré adonde está el hombre que buscan". Luego los condujo al centro de Samaria, donde se les abrieron los ojos y entendieron que habían sido llevados cautivos.

Vemos al apóstol Pablo usando su mandato exacto cuando resistió al hechicero Bar-Jesús, que intentaba robar la palabra de Dios del procónsul romano Sergio Pablo. Pablo, nos dice la Biblia, estaba "lleno del Espíritu Santo" (Hechos 13:9) y dijo: "¡Hijo del diablo y enemigo de toda justicia, lleno de todo tipo de engaño y de fraude! ¿Nunca dejarás de torcer los caminos rectos del Señor? Ahora la mano del Señor está contra ti; vas a quedarte ciego y por algún tiempo no podrás ver la luz del sol" (Hechos 13:10-11). Y, en efecto, lo era.

14. Se acabó el hambre en la sitiada Samaria. Durante la lucha en curso entre Aram e Israel, Ben-adad de Aram sitió a Samaria y cortó todos sus suministros de alimentos.

La gente empezó a morir de hambre. Había tanta escasez de alimentos que un pequeño recipiente de semillas de excrementos de palomas se vendía por cinco siclos. Por supuesto, como sucede a menudo, las autoridades seculares culparon a Dios del desastre. (Es sorprendente que todavía llamemos a los desastres naturales "actos de Dios").

Como resultado, el rey de Israel decidió capturar y matar a Eliseo, pero el Espíritu Santo advirtió a su profeta sobre ello. El rey dijo: "Esta desgracia viene del Señor [YHWH]; ¿qué más se puede esperar de él?" (2 Reyes 6:33). Y Eliseo declaró audazmente: "Oigan la palabra del Señor [YHWH], que dice así: Mañana a estas horas, a la entrada de Samaria, podrá comprarse una medida de flor de harina con una sola moneda de plata, y hasta una doble medida de cebada por el mismo precio" (2 Reyes 7:1). El oficial que escuchó esa profecía resopló con burla, diciendo: "¡No me digas! Aun si el Señor [YHWH] abriera las ventanas del cielo, ¡no podría suceder tal cosa!" (versículo 2). "Pues lo verás con tus propios ojos —le advirtió Eliseo—, pero no llegarás a comerlo" (versículo 3).

YHWH maldijo a los arameos, haciendo que escucharan milagrosamente el ruido de carros y caballos de un gran ejército. "Entonces se dijeron unos a otros: ¡Seguro que el rey de Israel ha contratado a los reyes hititas y egipcios para atacarnos!" (versículo 6). Así que se levantaron y huyeron en la oscuridad, abandonando sus tiendas, sus caballos y sus burros. Dejaron el campamento como estaba y huyeron para salvar sus vidas.

Entonces el rey de Israel envió una patrulla para determinar la validez del informe que escuchó sobre el acontecimiento. Hallaron equipo de batalla, alimentos y suministros hasta el río Jordán y más allá. Entonces los israelitas hambrientos descendieron al campamento arameo y se dieron un festín con lo que encontraron. De hecho, hubo tanta abundancia que los precios bajaron exactamente en la medida que el profeta había predicho. Tristemente, el oficial del rey que se había burlado de la palabra del siervo de YHWH fue pisoteado hasta la muerte en la avalancha de personas que salían de Samaria para llegar a aprovechar la abundancia del campamento arameo.

15. Eliseo predice la crueldad de Jazael. Aram era el país al norte de Israel que corresponde a la actual nación de Siria. El idioma de Aram era el arameo, que Jesucristo lo hablaba como segundo idioma. La deidad principal adorada por la gente de Aram era conocida como Hadad. El rey de Aram se llamaba Ben-adad, o "Hijo de Hadad". Su primer ministro era Jazael.

El rey Ben-adad enfermó y supo que el profeta Eliseo estaba de visita en Damasco. Así que envió a Jazael para saber si Eliseo consultaría a YHWH acerca de su enfermedad. Cuando Jazael se reunió con Eliseo, este expuso una "palabra de sabiduría", como las que luego se dieron a la iglesia cristiana. El Espíritu Santo le mostró a Eliseo que Ben-adad no se recuperaría de su enfermedad. Pero más que eso, el profeta comenzó a llorar, porque el Espíritu Santo le mostró que Jazael sucedería a Ben-adad y que iba a "causarles mucho daño a los israelitas ... a incendiar sus fortalezas, y a matar a sus jóvenes a filo de espada ... a despedazar a los niños y a abrirles el vientre a las mujeres embarazadas" (ver 2 Reyes 8:12).

"Jazael exclamó: ¡Qué es este servidor de usted sino un pobre perro! ¿Cómo es posible que haga tal cosa?". Entonces Eliseo le declaró: "El Señor me ha revelado que vas a ser rey de Siria" (2 Reyes 8:13).

Poco después, Jazael agarró un paño húmedo y lo colocó sobre la nariz y la boca de Ben-adad para matarlo y convertirse en el próximo rey, tal como lo predijo el profeta. De este intercambio aprendemos que el Espíritu Santo estaba obrando no solo en Israel, sino también en las otras naciones, y que les daría a sus siervos el mensaje apropiado que debían entregarles a los gobernantes extranjeros.

16. Jehú ungido rey de Israel. Como su último acto oficial registrado en el Antiguo Testamento,

> Un día, el profeta Eliseo llamó a un miembro de la comunidad de los profetas. "Arréglate la ropa para viajar —le ordenó—. Toma este frasco de aceite y ve a Ramot de Galaad. Cuando llegues, busca a Jehú, hijo de Josafat y nieto de Nimsi. Ve adonde esté, apártalo de sus compañeros y llévalo a un cuarto. Toma entonces el frasco, derrama el aceite sobre su cabeza y declárale: 'Así dice el Señor [YHWH]: Ahora te unjo como rey de Israel'. Luego abre la puerta y huye; ¡no te detengas!".
>
> Acto seguido, el joven profeta se fue a Ramot de Galaad ...
>
> Jehú se levantó y entró en la casa. Entonces el profeta lo ungió con el aceite y declaró: "Así dice el Señor [YHWH], Dios de Israel: 'Ahora te unjo como rey sobre mi pueblo Israel. Destruirás a la familia de

Acab, tu señor, y así me vengaré de la sangre de mis siervos los profetas; castigando a Jezabel, vengaré la sangre de todos mis siervos. Toda la familia de Acab perecerá, pues de sus descendientes en Israel exterminaré hasta el último varón, esclavo o libre'" (2 Reyes 9:1-4, 6-8).

Entonces los compañeros oficiales preguntaron sobre el mensaje dado a Jehú. Él les dijo: "Así dice el Señor [YHWH]: Ahora te unjo como rey de Israel". Dicho esto, todos se apresuraron a tender sus mantos sobre los escalones, a los pies de Jehú. Luego tocaron la trompeta y gritaron: "¡Viva el rey Jehú!" (versículos 12-13). Desde entonces, Jehú destruyó por completo la casa de Acab y sus parientes. Luego organizó una celebración masiva en la que mató a todos los sacerdotes de Baal.

Aquí está claro que el Espíritu Santo no solo instruyó a los profetas para llevar mensajes a los líderes extranjeros, sino también para seleccionar activamente un rey para Israel, ungirlo como gobernante, luego usarlo para traer el castigo divino sobre un rey malvado y sus partidarios, todos adherentes de una religión falsa. Esto ciertamente desmiente el concepto de que Dios, como un relojero celestial, encendió el mecanismo del universo y luego lo dejó seguir su curso. La verdad es que el Dios invisible que "hace que todo sea" nunca quitó su mano de su universo. Él lo vigila constantemente para ver que su voluntad y sus planes se cumplan. Como escribió el apóstol Pablo en 1 Corintios 2:16: "¿Quién ha conocido la mente del Señor para que pueda instruirlo?".

Capítulo 11

JONÁS, NÍNIVE Y EL GRAN PEZ

E N EL MUNDO antiguo se destacan dos naciones: Egipto y Asiria. Gran parte de la narración del Antiguo Testamento muestra la notable liberación del pueblo de Dios de la esclavitud en Egipto, su peregrinaje por el desierto, su entrada en la tierra prometida y, en última instancia, el establecimiento de un reino poderoso. Una y otra vez, el Espíritu Santo estuvo presente. Lo vimos en las plagas de Egipto, la matanza de los primogénitos que no estaban cubiertos por sangre, la trayectoria bajo la columna de fuego y la columna de humo, la artesanía y los detalles precisos para la edificación del tabernáculo en el desierto, los Diez Mandamientos y la ley que Dios entregó a Moisés en el Monte Sinaí, aparte de lo ocurrido más tarde cuando Josué lideró una serie de grandiosas batallas para conquistar a los reyes de Canaán. Pero

¿qué pasaba con Asiria? ¿Acaso no le preocupaba al Espíritu Santo aquel poderoso imperio? En el Libro de Jonás, vemos un rotundo sí.

En el año 800 a. C., aproximadamente, los reyes de Asiria mostraron una crueldad que excedía todo lo que la mente puede concebir. Por ejemplo, desollaban a las personas estando aún vivas, amputaban las extremidades a individuos inocentes, los empalaban con estacas, los ataban y les prendían fuego. Es probable que, en la historia de la humanidad hasta ese momento, nunca hubo tal barbarie sin sentido.

Es obvio que esa conducta era un hedor en las narices de un Dios Santo. Sin embargo, para el año 600 a. C., la crueldad había disminuido un poco y YHWH decidió enviar un profeta a Nínive (la ciudad capital de Asiria) para advertir a la gente del potencial juicio.

El Libro de Jonás comienza con estas palabras: "La palabra del Señor [YHWH] vino a Jonás hijo de Amitay: 'Anda, ve a la gran ciudad de Nínive y proclama contra ella que su maldad ha llegado hasta mi presencia'" (Jonás 1:1-2). YHWH no era solo el Dios de Israel, ni solo el Dios que trató con los egipcios. La conducta de los residentes de la ciudad capital de Asiria había ofendido a YHWH, por lo que comisionó a un profeta para que les hablara de su molestia. Sin embargo, en vez de aceptar voluntariamente esa comisión del Espíritu Santo, Jonás la resistió.

Es más, se nos dice que "Jonás se levantó para huir de la presencia de Jehová [YHWH]" (Jonás 1:3 RVR1960). A esas alturas, YHWH pudo haber dicho: "Rechazo a Jonás y elegiré a otro hombre dispuesto que lleve a cabo mis planes". Pero YHWH fue persistente. El salmista escribió en el Salmo 139:7-10 lo siguiente:

> ¿A dónde me iré de tu Espíritu? ¿Y a dónde huiré de tu presencia? Si subiere a los cielos, allí estás tú; y si en el Seol hiciere mi estrado, he aquí, allí tú estás. Si tomare las alas del alba y habitare en el extremo del mar, aun allí me guiará tu mano, y me asirá tu diestra (RVR1960).

El Espíritu Santo cubre todo el universo, por lo que ningún simple mortal puede escapar de su llamado ni de su retribución.

Jonás, sin embargo, lo intentó. Pensó que si se alejaba lo más posible de Nínive, podría escapar del llamado de YHWH a su vida, por lo que reservó un pasaje en un barco con destino a Tarsis. Tarsis era el nombre que se le daba al territorio más allá de Gibraltar, que bien podría haber incluido las Islas Británicas. Ese era ciertamente un lugar muy distante de la antigua Nínive.

No obstante la Biblia dice: "Pero el Señor [YHWH] lanzó sobre el mar un fuerte viento, y se desencadenó una tormenta tan violenta que el barco amenazaba con hacerse pedazos" (Jonás 1:4). Los endurecidos marineros estaban aterrorizados y comenzaron a arrojar carga por el costado del barco para aligerarlo. Luego, uno por uno, comenzaron a interrogar a todos los pasajeros. Cuando llegaron a Jonás, le preguntaron: "Dinos ahora, ¿quién tiene la culpa de que nos haya venido este desastre? ¿A qué te dedicas? ¿De dónde vienes? ¿Cuál es tu país? ¿A qué pueblo perteneces?" (Jonás 1:8). Entonces Jonás, mirándolos avergonzado, se apresuró y dijo: "Soy hebreo y temo al Señor [YHWH], Dios del cielo, que hizo el mar y la tierra firme" (Jonás 1:9). Se nos dice que esos marineros sabían que Jonás estaba huyendo de YHWH porque este les dijo. Una vez más, le preguntaron al profeta qué debían hacer, y él respondió: "Tómenme y láncenme al mar, y el mar dejará de azotarlos" (Jonás 1:12).

Es asombroso que aquellos marineros tuvieran un innato sentido del bien y del mal, y clamaran a YHWH: "Oh Señor [YHWH], tú haces lo que quieres. No nos hagas perecer por quitarle la vida a este hombre, ni nos hagas responsables de la muerte de un inocente" (Jonás 1:14). Me sorprende aquí percatarme de que el Espíritu Santo les ha dado a todos los seres humanos un sentido del conocimiento de Dios, aunque lo han suprimido. Como escribió el apóstol Pablo en Romanos 1:21-23: "A pesar de haber conocido a Dios, no lo glorificaron como a Dios ni le dieron gracias, sino que se extraviaron en sus inútiles razonamientos, y se les oscureció su insensato corazón. Aunque afirmaban ser sabios, se volvieron necios y cambiaron la gloria del Dios inmortal por imágenes que eran réplicas del hombre mortal, de las aves, de los cuadrúpedos y de los reptiles".

Sin embargo, los marineros asirios del siglo séptimo estaban al tanto de la presencia de YHWH y ciertamente poseían un sentido del bien y del mal. Sintiendo sus acciones estaban autorizadas, incluso ordenadas por YHWH, agarraron a Jonás y lo arrojaron al mar. Pero a YHWH no lo sorprendió eso porque sabía de antemano lo que harían los marineros y había preparado un pez gigante para tragarse a Jonás. (Como punto de corrección a la enseñanza prevaleciente en esta historia, no se trataba de una ballena. Es probable que fuera una criatura marina creada, de manera especial, con una boca lo suficientemente grande como para tragarse a un hombre y un estómago enorme como para mantenerlo con vida).

Cuando cesó la tormenta, los marineros ofrecieron sacrificios a YHWH. Mientras tanto, en el vientre del pez, Jonás oró: "Yo, en cambio, te ofreceré sacrificios y cánticos de gratitud. Cumpliré las promesas que te hice. ¡La salvación viene del Señor [YHWH]! Entonces el Señor [YHWH] dio una orden y el pez vomitó a Jonás en tierra firme" (Jonás 2:9-10).

"La palabra del Señor [YHWH] vino por segunda vez a Jonás: 'Anda, ve a la gran ciudad de Nínive y proclámale el mensaje que te voy a dar'" (Jonás 3:1-2). Entonces Jonás obedeció la palabra de YHWH y se fue a Nínive. El poder del mensaje del Espíritu Santo de Dios a Jonás fue tan fuerte que mientras predicaba sobre el juicio divino que caería sobre Nínive en cuarenta días, el rey y sus nobles se vistieron de cilicio y ceniza y proclamaron un ayuno, clamando a YHWH por misericordia y perdón. Por supuesto, nuestro Dios misericordioso vio a esas personas (120.000 de ellos), retuvo el juicio y los perdonó por los pecados que habían cometido. Pero, en vez de regocijarse porque la gente había escuchado su mensaje, se había arrepentido y recibido el perdón, Jonás se enojó porque su profecía acerca del fin del mundo no se cumpliría.

Eso debería servir como una gran advertencia para los hombres de la sociedad, los economistas y los políticos que se obsesionan con un mensaje de desastre y se sienten desacreditados cuando un Dios misericordioso detiene la mano del juicio.

Creo que el mensaje aquí es que el Espíritu Santo de Dios está obrando entre todas las personas y todas las culturas. Cuando lo rechazan, no duda en traer el castigo, pero también espera absolver y perdonar. En Hebreos 13:8 leemos que "Jesucristo es el mismo ayer y hoy y por los siglos". El Espíritu Santo vive en la eternidad. Él ve el fin desde el principio, planea el futuro de su pueblo, va delante de nosotros para preparar el camino y vela por su palabra para cumplirla. Él hablará a sus siervos y estos pronuncian su palabra, poblaciones enteras pueden ser transformadas.

Capítulo 12

UNA NACIÓN CORRUPTA Y DISOLUTA

EL PROFETA Amós vivió en el sur de Judá al mismo tiempo que Oseas. Su mensaje fue dirigido por el Espíritu Santo contra el reino del norte dos años antes de un terremoto, cuando Uzías era rey de Judá y Jeroboam lo era de Israel. Amós usó el siguiente estribillo una y otra vez: "Así dice el Señor [YHWH]… Esto es lo que el Señor [YHWH] dice… Así ha dicho el Señor [YHWH]".

Entonces Amós pregonó los pecados de Damasco y Aram, los de Gaza, luego Tiro, Edom, Amón, Moab y Judá. Según él, tomaron cautivos en la batalla y despreciaron la hermandad. También desgarraron a las mujeres embarazadas, profanaron los huesos de un rey, y rechazaron la ley de YHWH, aparte de que y no guardaron sus decretos. YHWH estaba enojado con Judá porque los líderes hicieron que los nazareos bebieran vino (desafiando el voto que habían hecho ante Dios) y ordenaron a los profetas que no profetizaran. Sin embargo, el Espíritu Santo infundió los escritos de Amós con gemas eternas, una de las cuales es esta: "En verdad, nada hace el Señor [YHWH] omnipotente sin antes revelar sus designios a sus siervos los profetas" (Amós 3:7).

El pueblo había ignorado las necesidades de los pobres mientras se daban un festín con la riqueza de aquella tierra, tanto que las mujeres oprimían a los pobres, aplastaban a los necesitados y exigían bebidas fuertes a sus maridos. Amós mostró la preocupación del Espíritu Santo por la justicia social y su repugnancia por el hedonismo secular.

Amós, movido por el Espíritu Santo, dijo: "Aborrecí, abominé vuestras solemnidades, y no me complaceré en vuestras asambleas … Quita de mí la multitud de tus cantares … corra el juicio como las aguas, y la justicia como impetuoso arroyo" (Amós 5:21-25 RVR1960). Amós, hablando por el Espíritu Santo, advierte al pueblo que no esté tranquilo en Sión, sino que se aflija por sus pecados.

Vemos a través de Amós la imagen de una nación corrupta y disoluta llena de prosperidad, que tiene comida y bebida en abundancia, casas hermosas y ropa lujosa. Sin embargo, no pueden ver el desastre venidero que traerá el día del Señor, ni se animan a tender la mano a los pobres y necesitados para ayudarlos en su sufrimiento. El lamento que el Espíritu Santo puso en el corazón de su profeta, Amós, no se diferencia de lo que leemos en el Libro de

Apocalipsis sobre la iglesia de Laodicea, que estaba orgullosa, llena de bienes y sin necesidad de nada. En resumen, el Espíritu Santo desprecia la práctica religiosa que no incluye la compasión por los pobres o el reconocimiento del juicio pendiente que puede llegar repentinamente, destruyendo la vida lujosa de la que disfrutan las personas.

Sin duda, el mensaje de Amós llega a través de los siglos hasta nuestros días: aquellos que se llaman cristianos pero están "tranquilos en Sión", que no tienen compasión por las personas que sufren en este país y en otras naciones, y que gastan grandes sumas de dinero en su propio establecimiento religioso, pero tienen poco que dar para las misiones, afligen el corazón de Dios.

De hecho, medita en qué pasaría si solo el diez por ciento de los presupuestos de la iglesia se gastaran en misiones y otro diez o veinte por ciento en ayuda para los pobres. Sin embargo, los presupuestos de la iglesia hoy se ocupan en los salarios del personal, las reparaciones de las edificaciones y las posibles hipotecas para estructuras más nuevas y más grandiosas, todo sin la oración ferviente para recibir la plenitud del Espíritu de Dios y producir un avivamiento en todo el mundo.

Si la iglesia cristiana estuviera realmente alerta, considerando que podemos contar entre nuestros miembros al menos la mitad de la población total de los Estados Unidos, ¿habríamos permitido los abortos de unos sesenta millones de preciosos niños no nacidos? ¿Habríamos permitido el matrimonio homosexual? ¿Habríamos permitido que las personas sin hogar invadieran las calles de nuestras principales ciudades? ¿Y habríamos permitido que las fuerzas militantes invadieran las naciones árabes cerca de la cuna del cristianismo al obligar a los cristianos a negar la deidad de Jesucristo a punta de pistola, como lo hizo ISIS hace solo unos años?

Como cristianos individuales, ¿qué parte de nuestros recursos personales gastamos para llevar el Evangelio de Jesucristo a todo el mundo? Medita en la enorme cantidad de dinero que estaría a la disposición de las misiones si todos los cristianos profesantes comenzaran a diezmar de sus ingresos para la obra del Señor.

Sin embargo, en medio del juicio, Amós terminó con una nota de triunfo: "'Vienen días —afirma el Señor [YHWH]—, en los cuales ... restauraré a mi pueblo Israel; ellos reconstruirán las ciudades arruinadas y vivirán en ellas. Plantarán viñedos y beberán su vino; cultivarán huertos y comerán sus frutos. Plantaré a Israel en su propia tierra, para que nunca más sea arrancado de la tierra que yo le di', dice el Señor [YHWH] tu Dios" (Amós 9:13-15).

Capítulo 13

¿CUÁNDO LLEGARÁ LA PAZ MUNDIAL?

EL PROFETA MIQUEAS fue enviado por Dios para hablar al reino del sur de Judá y al reino del norte de Samaria durante la época del rey Ezequías, que imperó aproximadamente entre el 715 y el 686 a. C. El Espíritu Santo puso en la mente de Miqueas una revelación de juicio y colapso, seguida de una gloriosa restauración. De manera más particular aún, a través de él, el Espíritu Santo mostró un testimonio más de la autenticidad de la vida de Jesucristo cuando apareció en la tierra.

Fue Miqueas quien escribió estas palabras: "Pero de ti, Belén Efrata, pequeña entre los clanes de Judá, saldrá el que gobernará a Israel; sus orígenes se remontan hasta la antigüedad, hasta tiempos inmemoriales" (Miqueas

5:2). También fue Miqueas el que habló de los últimos días cuando escribió:

> En los últimos días, el monte del templo del Señor [YHWH] será puesto sobre la cumbre de las montañas y se erguirá por encima de las colinas. Entonces los pueblos marcharán hacia ella, y muchas naciones se acercarán, diciendo: "Vengan, subamos al monte del Señor [YHWH], a la casa del Dios de Jacob. Dios mismo nos instruirá en sus caminos, y así andaremos en sus sendas". Porque de Sión viene la instrucción; de Jerusalén, la palabra del Señor [YHWH]. Dios mismo juzgará entre muchos pueblos, y administrará justicia a naciones poderosas y lejanas. Convertirán en azadones sus espadas, y en hoces sus lanzas. Ya no alzará su espada nación contra nación, ni se adiestrarán más para la guerra. Cada uno se sentará bajo su parra y su higuera; y nadie perturbará su solaz —el Señor [YHWH] Todopoderoso lo ha dicho—. Todos los pueblos marchan en nombre de sus dioses, pero nosotros marchamos en el nombre del Señor [YHWH], en el nombre de nuestro Dios, desde ahora y para siempre (Miqueas 4:1-5).

La promesa de la paz universal ha sido proclamada una y otra vez en las diversas asambleas de las naciones. El concepto de convertir las armas de guerra en instrumentos de paz trae una imagen que conmueve, verdaderamente, los corazones de los hombres.

Sin embargo, el Espíritu Santo (YHWH) estableció claramente que la paz universal no se llevará a cabo hasta que las naciones se sometan a la autoridad de YHWH. Él se sentará como árbitro benigno de la verdad, para resolver pacíficamente las disputas que ahora conducen a la guerra entre las naciones. Sin lugar a dudas, la Biblia deja claro que la paz universal no vendrá a través de las Naciones Unidas ni de un "Nuevo Orden Mundial", sino solo cuando el Espíritu Santo de Dios y aquellos que se someten a su autoridad se encarguen de los asuntos de las naciones.

En la actualidad, el sentimiento que prevalece entre las naciones es "la paz mediante la fuerza". En los Estados Unidos, no se duda en construir portaaviones que cuestan más de doce mil millones de dólares. No dudamos mucho en apropiarnos de miles de millones de dólares para una flota de aviones de combate supersónicos, cada uno de los cuales cuesta tanto como ciento cincuenta millones de dólares. Nos apropiamos voluntariamente de una parte del presupuesto del Ministerio de Defensa para gastos discrecionales que, al momento de escribir este libro, ascendía a $633 mil millones. ¿Podemos siquiera comprender lo que le sucedería a nuestro mundo si los gastos de esta magnitud se dedicaran a la agricultura, la medicina, la reforestación y la infraestructura? Si las naciones del mundo tomaran los fondos que gastan en espadas y los convirtieran en rejas de arado, la bendición para la raza humana sería incalculable. Este es, en efecto, el futuro prometido por el Espíritu Santo a través de las palabras del profeta Miqueas.

Como un aparte interesante, Miqueas incluyó una advertencia contra la traición de algunas de las personas malvadas que vivieron en su época. Jesucristo citó directamente esta profecía acerca de los días posteriores a su resurrección: "No creas en tu prójimo, ni confíes en tus amigos; cuídate de lo que hablas con la que duerme en tus brazos. El hijo ultraja al padre, la hija se rebela contra la madre, la nuera contra la suegra, y los enemigos de cada cual están en su propia casa" (Miqueas 7:5-6). Esas mismas palabras se interpretaron literalmente en la Alemania nazi y en la Rusia comunista, cuando se entrenaba a los jóvenes para que testificaran contra sus propios padres, muchos de los cuales fueron enviados a los campos de concentración, a los *gulags* o a los verdugos.

Al leer muchos de los profetas del Antiguo Testamento, parece que YHWH estaba completamente enojado con los líderes religiosos de aquellos días, así como Jesucristo lo estaba con los gobernantes de su época. Pero escucha estas palabras condenatorias del profeta:

Yo, en cambio, estoy lleno de poder, lleno del Espíritu del Señor [YHWH], y lleno de justicia y de fuerza, para echarle en cara a Jacob su delito; para reprocharle a Israel su pecado ... Sus gobernantes juzgan por soborno, sus sacerdotes instruyen por paga, y sus profetas predicen por dinero; para colmo, se apoyan en el Señor [YHWH], diciendo: "¿No está el Señor entre nosotros? ¡No vendrá sobre nosotros ningún mal!". Por lo tanto, por culpa de ustedes Sión será como un campo arado; Jerusalén quedará en ruinas, y el monte del templo se volverá un matorral (Miqueas 3:8, 11-12)

En el año 586 a. C., Nabucodonosor, rey de Babilonia, invadió Jerusalén y saqueó el templo. Todo lo que las naciones de Judá e Israel amaban y veneraban les fue quitado. Pero el desastre no se produjo antes de una advertencia que hicieron varios de los profetas de Dios.

Hoy, nuestra función es escuchar la voz del Espíritu Santo y discernir lo que está diciendo. Él no hace nada sin revelarlo a sus siervos, los profetas. Por tanto, ¿qué dicen los profetas y el Espíritu Santo? ¿Son los terremotos, las hambrunas, las plagas y otras señales indicaciones del juicio inminente de un Dios justo? ¿Se harán eco de las advertencias de los profetas del Antiguo Testamento cuando el Espíritu Santo hable en nuestro mundo moderno?

En medio de las palabras de juicio dichas por Miqueas, el Espíritu Santo dio a través de su profeta la fórmula de lo que deseaba. "¡Ya se te ha declarado lo que es bueno! Ya se te ha dicho lo que de ti espera el Señor [YHWH]: Practicar la justicia, amar la misericordia, y humillarte ante tu Dios [YHWH]" (Miqueas 6:8). En verdad, el Espíritu Santo, que concibió un mundo muy complejo le ha dado a la humanidad mandamientos muy simples: "Ama a tu prójimo como a ti mismo". "Haz con los demás lo que te gustaría que hicieran contigo". "Ama al Señor [YHWH] tu Dios con todo tu corazón, toda tu alma y toda tu mente, y a tu prójimo como a ti mismo". "Actúa con justicia y ama la misericordia y camina humildemente ante tu Dios" (mi paráfrasis). Estas reglas no son complejas.

Por ejemplo, un hijo descarriado podría decirle a su padre: "No entiendo lo que estás diciendo". Y el padre podría responder: "¿Qué es lo que no entiendes?". Todo el deber del hombre es someter su libre albedrío a la voluntad misericordiosa del Dios Trino: Padre, Hijo y Espíritu Santo.

Capítulo 14

¿QUIÉN PODRÁ SOPORTAR EL DÍA DE SU VENIDA?

EL NOMBRE DEL último libro del Antiguo Testamento, Malaquías, significa "mi mensajero". El Espíritu Santo le mostró a Malaquías la inminente venida del Señor. Es más, las palabras del primer capítulo de Malaquías ocupan un lugar destacado en la memorable obra de Haendel: *El Mesías*. Malaquías escribió que la venida de YHWH sería como un fuego purificador, al punto que ¿quién podría estar de pie antes de su venida? En eso se hizo eco de las palabras de muchos de los profetas: que el día de YHWH sería un evento terrible que traería juicio.

Piensa en estas palabras de Malaquías 3:2: "¿Quién podrá soportar el día de su venida? ¿Quién podrá mantenerse en pie cuando él aparezca? Porque será como fuego de fundidor o lejía de lavandero". Entonces YHWH traerá a juicio ante sí mismo a aquellos que han oprimido o defraudado a otros. Y nos dice esto: "Miren, ya viene el día, ardiente como un horno. Todos los soberbios y todos los malvados serán como paja, y aquel día les prenderá fuego hasta dejarlos sin raíz ni rama", dice el Señor [YHWH] Todopoderoso (Malaquías 4:1).

Ese mismo concepto lo encontramos en los escritos del apóstol Pablo, que dijo:

> Según la gracia que Dios me ha dado, yo, como maestro constructor, eché los cimientos, y otro construye sobre ellos. Pero cada uno tenga cuidado de cómo construye, porque nadie puede poner un fundamento diferente del que ya está puesto, que es Jesucristo. Si alguien construye sobre este fundamento, ya sea con oro, plata y piedras preciosas, o con madera, heno y paja, su obra se mostrará tal cual es, pues el día del juicio la dejará al descubierto. El fuego la dará a conocer, y pondrá a prueba la calidad del trabajo de cada uno. Si lo que alguien ha construido permanece, recibirá su recompensa, pero, si su obra es consumida por las llamas, él sufrirá pérdida. Será salvo, pero como quien pasa por el fuego (1 Corintios 3:10-15).

Sin duda, el Espíritu Santo trae unidad a nuestro concepto del Día del Señor.

En Juan 5:24 leemos: "Ciertamente les aseguro que el que oye mi palabra y cree al que me envió tiene vida eterna y no será juzgado, sino que ha pasado de la muerte a la vida". Así que aquellos que han recibido a Jesucristo como su Salvador y creen que él es el Hijo de Dios no serán juzgados ante el Gran Trono Blanco, del que se habla en el Libro de Apocalipsis. Sin embargo, el apóstol Pablo nos dice que, como cristianos, nos presentaremos ante el Bema, o tribunal de Cristo, para dar cuenta de las cosas que hemos hecho aquí en la tierra. Si nuestras obras como cristianos son egocéntricas y frívolas, aún entraremos al cielo, pero nuestras obras serán quemadas.

Volvamos ahora a Malaquías que, habiéndonos advertido del terror del juicio de YHWH, también nos dijo que "los que temían al Señor [YHWH] hablaron entre sí, y él los escuchó y les prestó atención. Entonces se escribió en su presencia un libro de memorias de aquellos que temen al Señor [YHWH] y honran su nombre" (Malaquías 3:16). Y YHWH dijo: "Y ustedes volverán a distinguir entre los buenos y los malos, entre los que sirven a Dios y los que no le sirven" (Malaquías 3:18).

Así que, insisto, la Escritura nos dice que el día de YHWH "viene … ardiente como un horno. Todos los soberbios y todos los malvados serán como paja, y aquel día les prenderá fuego hasta dejarlos sin raíz ni rama, dice el Señor [YHWH] Todopoderoso" (Malaquías 4:1). Pero, por otro lado, los que temen a YHWH "saldrán saltando como becerros recién alimentados" (Malaquías 4:2).

Las últimas palabras del Antiguo Testamento dicen: "Estoy por enviarles al profeta Elías antes que llegue el día del Señor, día grande y terrible" (Malaquías 4:5). Ellas predijeron la venida de un profeta como Elías, que traería la reconciliación entre los jóvenes y los ancianos.

Es más, cuando Jesús comenzó su ministerio, señaló a Juan el Bautista como el Elías que vendría a preparar el camino del Señor. El Espíritu Santo unió la palabra profética que se encuentra en el Antiguo Pacto y la que se encuentra en el Nuevo Pacto.

Recordemos las palabras del apóstol Pedro a la multitud reunida el día de Pentecostés cuando se derramó el Espíritu Santo. Citando el Libro de Joel, dijo: "Después de esto, derramaré mi Espíritu sobre todo el género humano. Los hijos y las hijas de ustedes profetizarán, tendrán sueños los ancianos y visiones los jóvenes" (Joel 2:28).

Ahora dirigimos nuestra atención a una época en la que el Espíritu Santo no se impartía simplemente a reyes, profetas y hombres santos, sino a millones de personas que habían nacido de nuevo y habían sido espiritualmente transformadas por el Espíritu del Dios vivo.

EL NUEVO PACTO

Capítulo 15

EL NACIMIENTO VIRGINAL

AUNQUE INTENTAMOS DISCERNIR el misterio del Dios Trino —Padre, Hijo y Espíritu Santo—, debemos estar seguros de que lo que está escrito aquí corresponde a la revelación total de Dios presentada en el Antiguo y el Nuevo Testamento. Ahora quiero traer un único ejemplo del poder del Espíritu Santo.

En Lucas 1:26, el ángel Gabriel fue enviado a visitar a una joven llamada María que era virgen (de la palabra griega *parthenos*). Quiero enfatizar el hecho de que esa joven, desposada con un hombre llamado José, no tuvo relaciones sexuales con él ni con otro hombre. Ella era una verdadera virgen. El ángel dijo: "Quedarás encinta y darás a luz un hijo, y le pondrás por nombre Jesús" (Lucas 1:31). Y la rápida respuesta de María fue: "'¿Pero cómo podrá suceder esto? —le preguntó María al ángel—. Soy virgen'. El ángel le contestó: 'El Espíritu Santo vendrá sobre ti, y el poder del Altísimo te cubrirá con su sombra. Por lo tanto, el bebé que nacerá será santo y será llamado Hijo de Dios'" (Lucas 1:34-35).

Más adelante nos enteramos de que José, al saber que su prometida estaba embarazada, decidió repudiarla discretamente, porque en aquella sociedad un embarazo fuera del matrimonio podía haber acarreado una lapidación. Antes de que José pudiera concretar su intención, se le apareció un ángel y le dijo: "José, hijo de David, no temas recibir a María por esposa, porque ella ha concebido por obra del Espíritu Santo" (Mateo 1:20).

En el mundo de hoy, cualquier persona puede usar un sitio llamado Ancestry.com para buscar seriamente sus raíces: qué nacionalidad tiene o su genealogía. María era de la casa y linaje de David, al igual que José, pero este no era el padre biológico de Jesús. Aunque eso es cierto, no se menciona el hecho de que el verdadero padre biológico de Jesús fue el Espíritu Santo. Nunca se hizo referencia a José como "padre" y, de hecho, no encontramos mucho sobre él después del nacimiento de Jesús. Eso es algo sorprendente, porque más adelante en los evangelios nos damos cuenta de que José también era descendiente de David. Después de visitar el templo cuando era niño, Jesús se fue a casa con él y María y fue "obediente con ellos" (Lucas 2:51). Pero considera las oraciones y la actitud de Jesús después de iniciar su ministerio. Por ejemplo, medita en sus palabras en Lucas 12:51-52: "¿Creen ustedes que vine a traer paz a la tierra? ¡Les digo que no, sino división! De ahora en adelante estarán divididos cinco en una familia, tres contra dos, y dos contra tres". También nos enteramos de que Jesús tenía otros medio hermanos y media hermanas. Pero, de nuevo, esos orígenes están algo envueltos en misterio.

A medida que avanzamos hacia lo que se llama la "Oración del Sumo Sacerdote" de Jesucristo en Juan 17, vemos que él oró a su Padre y dijo: "Padre, ha llegado la hora. Glorifica a tu Hijo, para que tu Hijo te glorifique a ti ... Y ahora, Padre, glorifícame en tu presencia con la gloria que tuve contigo antes de que el mundo existiera" (Juan 17:1, 5). Ten en cuenta que ni José ni María habían estado nunca con el Padre antes de la creación de la tierra. ¿Cómo podría el hombre Jesús decir que aquel que había nacido de María estaba en verdad con el Padre antes de que la tierra comenzara? Él les dijo a sus discípulos que regresaba al Padre, pero ¿cómo podía ser que ese hombre que vivía entre el pueblo de Israel viniera del Padre? Y, sin embargo, eso es lo que muestra lo escrito. Si el Espíritu Santo vino sobre una virgen y plantó una semilla en su vientre, ¿cómo pudo esa semilla haber crecido hasta el punto en que Jesús sintió que había venido del Padre y que regresaba al Padre? ¿Y por qué Jesús no reconocería la causa de su nacimiento como del Espíritu Santo, no Dios el Padre?

Sin embargo, él les dijo a sus discípulos antes de su ascensión que iba a su Padre y al Padre de ellos. La oración modelo comienza así: "Padre nuestro que estás en los cielos, santificado sea tu nombre" (Mateo 6:9).

Además, el joven Jesús, a la edad de doce años, fue encontrado en el templo hablando a los ancianos y mostrando una sabiduría extraordinaria. Cuando sus padres terrenales, María y José, lo reprendieron, dijo: "¿No sabían que en los negocios de mi Padre me es necesario estar?" (Lucas 2:49).

Aprendemos también que cuando Jesús estaba con sus discípulos, "Felipe le dijo: 'Señor, muéstranos el Padre y nos basta'". Y Jesús respondió: 'El que me ha visto a mí, ha visto al Padre'" (Juan 14:8-9). Aquí nuevamente tenemos al misterio de la Trinidad de Dios. El Espíritu Santo plantó una simiente en María, la cual se convirtió en el Hijo de Dios, que oró a la Cabeza de la Trinidad para que le diera la gloria que tenía con el Padre antes de la fundación de la tierra. Sin embargo, les dijo a sus discípulos que si lo habían visto a él, habían visto al Padre.

Una vez, cuando se le cuestionó acerca de sus orígenes, dijo: "Ciertamente les aseguro que, antes de que Abraham naciera, ¡yo soy!" (Juan 8:58). Y recuerda la zarza ardiente cuando Moisés preguntó quién le estaba hablando. La respuesta fue: "YO SOY EL QUE SOY" (Éxodo 3:14 RVR1960). Aquí, Jesucristo se identificó con el Dios Trino. En Apocalipsis 5, la adoración de las multitudes fue dirigida "al que está sentado en el trono, y al Cordero, por los siglos de los siglos" (Apocalipsis 5:13). ¿Por qué el hombre Jesús —en la tierra— hablaría de la Cabeza de la Trinidad como Padre y de ninguna manera reconocería que el Espíritu Santo le dio vida en la tierra?

Cuando oramos, rogamos al Padre, "En el nombre de Jesús y con el poder del Espíritu Santo". Quiero asegurar que en este libro hemos sido fieles al relato de la Escritura y, al mismo tiempo, no hemos violentado el misterio del Dios Uno y Trino. Pedí personalmente revelación y comprensión de cómo funciona su naturaleza, por lo que espero que este libro te haya ayudado a iluminarte sobre uno de los grandes misterios del universo. Pero baste decir que cuando vemos la obra práctica del Espíritu Santo en la vida de los cristianos, el poder de Dios se manifiesta abundantemente.

Capítulo 16

EL PODER DE PENTECOSTÉS

E<small>N LO QUE</small> se llama la Oración del Sumo Sacerdote, en la que Jesús llevó a sus discípulos a la extraordinaria intimidad que tuvo con su Padre, les dijo:

Les conviene que me vaya porque, si no lo hago, el Consolador no vendrá a ustedes; en cambio, si me voy, se lo enviaré a ustedes. Y, cuando él venga, convencerá al mundo de su error en cuanto al pecado, a la justicia y al juicio; en cuanto al pecado, porque no creen en mí; en cuanto a la justicia, porque voy al Padre y ustedes ya no podrán verme; y en cuanto al juicio, porque el príncipe de este mundo ya ha sido juzgado.

Muchas cosas me quedan aún por decirles, que por ahora no podrían soportar. Pero, cuando venga el Espíritu de la verdad, él los guiará a toda la verdad, porque no hablará por su propia cuenta, sino que dirá solo lo que oiga y les anunciará las cosas por venir. Él me glorificará porque tomará de lo mío y se lo dará a conocer a ustedes (Juan 16:7-14)

Después de la resurrección, Jesucristo —en su forma resucitada— se apareció a sus discípulos, que estaban encerrados en un aposento alto por temor a los judíos. Luego les encomendó estas palabras: "Como el Padre me envió a mí, así yo los envío a ustedes. Acto seguido, sopló sobre ellos y les dijo: 'Reciban el Espíritu Santo. A quienes les perdonen sus pecados, les serán perdonados; a quienes no se los perdonen, no les serán perdonados'" (Juan 20:21-23).

En el Libro de los Hechos, antes de que Jesús fuera llevado al cielo, les dijo: "No se alejen de Jerusalén, sino esperen la promesa del Padre, de la cual les he hablado: Juan bautizó con agua, pero dentro de pocos días ustedes serán bautizados con el Espíritu Santo" (Hechos 1:4-5). "No les toca a ustedes conocer la hora ni el momento determinados por la autoridad misma del Padre —les contestó Jesús—. Pero, cuando venga el Espíritu Santo sobre ustedes, recibirán poder y serán mis testigos tanto en Jerusalén como en toda Judea y Samaria, y hasta los confines de la tierra" (Hechos 1:7-8).

La Fiesta de Pentecostés era cincuenta días después de la Pascua. Sabemos que Jesús fue ofrecido como sacrificio en la cruz durante el fin de semana de la Pascua. Después de esta festividad de la tradición judía, se celebraba la Fiesta de las Primicias o Pentecostés. Cuando llegó el día de Pentecostés y los discípulos estaban sentados en un aposento alto, el Espíritu Santo descendió sobre ellos con poder. Fueron bautizados en el Espíritu Santo y se convirtieron en las primicias de la nueva fe cristiana que, bajo el poder del Espíritu Santo, se ha extendido por toda la tierra y se ha convertido en la fe religiosa más grande del mundo con 2.600 millones de seguidores.

Bajo el poder del Espíritu Santo, aquellas personas que oraban unánimes en el aposento alto irrumpieron en las calles de Jerusalén. El Espíritu de Dios puso en sus mentes los idiomas de las multitudes de personas que habían acudido de todo el imperio romano para celebrar una fiesta judía, particularmente, en Jerusalén. La gente reunida quedó atónita al escuchar a unos simples galileos hablar las lenguas de los medos y los partos, así como a gente de Mesopotamia, Capadocia, Egipto, Libia, la misma Roma y otras partes del mundo mediterráneo. Esas personas no estaban "predicando el evangelio". Estaban declarando, bajo el poder del Espíritu Santo, las "maravillas de Dios". Algunos decían: "Estos son simples galileos. ¿Dónde aprendieron esos idiomas?" Otros, burlándose, dijeron: "Esto no es más que balbuceos de borrachos" (ver Hechos 2, paráfrasis mía).

Entonces el apóstol Pedro se puso de pie en medio de ellos y dijo:

Estos no están borrachos, como suponen ustedes. ¡Apenas son las nueve de la mañana! En realidad lo que pasa es lo que anunció el profeta Joel: "Sucederá que en los últimos días —dice Dios—, derramaré mi Espíritu sobre todo el género humano. Los hijos y las hijas de ustedes profetizarán, tendrán visiones los jóvenes y sueños los ancianos. En esos días derramaré mi Espíritu aun sobre mis siervos y mis siervas, y profetizarán ... Y todo el que invoque el nombre del Señor será salvo" (Hechos 2:15-18, 21).

Si en efecto, "El que hace que todo sea", o YHWH, es el Espíritu Santo, entonces algunos podrían preguntarse: "¿Por qué el profeta no dijo: 'Me derramaré sobre toda carne'?". Pero la Biblia es muy clara al distinguir las funciones de los diversos miembros de la Trinidad. El Padre es la Mente Creadora, el Hijo es la expresión del Padre y el Espíritu Santo es el vínculo con la creación. De ninguna manera las Escrituras ignorarían las funciones independientes de cada miembro de la Santísima Trinidad. Es Dios Padre quien derrama el Espíritu Santo sobre toda carne, dando a los creyentes expresión sobrenatural para declarar las múltiples maravillas de Dios.

Pedro continuó diciendo: "A este Jesús, Dios lo resucitó, y de ello todos nosotros somos testigos. Exaltado por el poder de Dios, y habiendo recibido del Padre el Espíritu Santo prometido, ha derramado esto que ustedes ahora ven y oyen" (Hechos 2:32-33).

Entonces la gente clamó a Pedro y dijo: "¿Qué haremos?". Pedro contestó: "Arrepiéntase y bautícese cada uno de ustedes en el nombre de Jesucristo para perdón de sus pecados, y recibirán el don del Espíritu Santo. En efecto, la promesa es para ustedes, para sus hijos y para todos los extranjeros, es decir, para todos aquellos a quienes el Señor nuestro Dios quiera llamar" (Hechos 2:38-39).

Aquí estaba la promesa del don del Espíritu Santo a todos los que creen en Jesucristo. El Espíritu ya no estaba limitado a hombres santos y líderes selectos. Todos los que creyeron en Jesús eran candidatos a recibir ese bendito don de Dios Todopoderoso, prometido por el profeta Joel y mostrado en el día de Pentecostés por el mismo Espíritu Santo.

Algunas personas se cuestionan acerca de la diferencia entre nacer de nuevo por el Espíritu Santo y ser bautizados en el Espíritu Santo. ¿No recibieron los discípulos el Espíritu Santo cuando Jesús sopló sobre ellos? Por supuesto que sí. A menos que una persona haya nacido de nuevo por el Espíritu de Dios, no es parte de la familia de Dios. ¿Se habían convertido los discípulos en "cristianos" cuando Jesús sopló sobre ellos y les dijo que recibieran el Espíritu Santo? Por supuesto que sí. ¿Por qué, entonces, Jesús pidió a sus discípulos que esperaran la promesa del Padre para ser bautizados en el Espíritu Santo? ¿Cuál es la diferencia?

Déjame ilustrarlo. Mientras escribo este libro, estoy bebiendo agua. Se puede decir claramente que tengo agua en mí. Es algo como la experiencia de la salvación, cuando recibimos el Espíritu de Dios en nuestro corazón. Sin embargo, a veinticinco kilómetros de donde estoy sentado yace la costa del Océano Atlántico, que se conecta con todos los mares de la tierra. Si manejo hasta la costa de Virginia Beach y me interno en el agua, entonces me sumerjo en una inundación masiva que abruma todo mi cuerpo. Obviamente, estoy conectado con el agua de cualquier manera, pero la segunda experiencia es miles de veces más dramática. Así fue la experiencia de esos sencillos pescadores cuando el poder del Espíritu Santo descendió sobre ellos el día de Pentecostés. Sí, los discípulos tenían dentro de sí el poder del Espíritu, pero hasta el día de Pentecostés no tuvieron el poder del bautismo del Espíritu, lo que les permitiría salir de Jerusalén y un día conquistar al mundo.

Ahora veamos el efecto del Espíritu que mora en la vida del creyente, y luego el efecto del bautismo de este Espíritu sobre la vida del mismo creyente.

Cuando el Espíritu Santo entra en la vida de una persona, comienza a producir en ella las actitudes que consideramos como las de Cristo. Eso es lo que llamamos los frutos del Espíritu. Los principales elementos de los frutos del Espíritu son tres: fe, esperanza y amor. En el capítulo trece de la primera carta de Pablo a la iglesia de Corinto, aparece un retrato verbal de las características esenciales de Jesucristo al hablar del amor.

> El amor es paciente, es bondadoso. El amor no es envidioso ni jactancioso ni orgulloso. No se comporta con rudeza, no es egoísta, no se enoja fácilmente, no guarda rencor. El amor no se deleita en la maldad, sino que se regocija con la verdad. Todo lo disculpa, todo lo cree, todo lo espera, todo lo soporta. El amor jamás se extingue, mientras que el don de profecía cesará, el de lenguas será silenciado y el de conocimiento desaparecerá (1 Corintios 13:4-8).

En su carta a los Romanos, el apóstol Pablo mostró cómo se desarrolla el fruto del Espíritu Santo en nuestra vida cuando nos dijo: "La prueba de su fe produce constancia" (Santiago 1:3). El idioma griego puede ser muy expresivo y, en algunos casos, las palabras tienen un sonido que refleja el significado. A eso lo llamamos onomatopeya. La palabra griega para constancia es *hupomone*, en la que casi puedes escuchar el gemido y el sufrimiento de alguien bajo una gran carga. Por la fe, cuando el fruto del Espíritu se somete a tensión y sobrevive, se forja el carácter; la persona así probada comienza a mostrar cualidades de estabilidad y resistencia similares al hierro, que se fortalece con el fuego. Con carácter, el individuo así probado se da cuenta de que superó grandes dificultades y luego se percata, como Job, de que el Redentor vive y, por lo tanto, puede esperar en él.

Se nos ha dicho que la "esperanza no nos defrauda, porque Dios ha derramado su amor en nuestro corazón por el Espíritu Santo que nos ha dado" (Romanos 5:5). Cuando verdaderamente esperamos en Dios, somos capaces de olvidarnos de nosotros mismos. Dejamos a un lado todas las preocupaciones de esta vida y enfocamos nuestra atención en las necesidades de los demás. Cuando verdaderamente esperamos en Dios, somos libres para amarlo a él y a nuestro prójimo. Con esperanza, el Espíritu Santo comienza a manifestar la gracia de Jesucristo en nosotros, la misma gracia que experimentó Jesucristo cuando murió para mostrar el amor del Padre por el mundo.

Después de la muerte física, cuando nuestros cuerpos dejen de existir, nuestros espíritus vivirán en el cielo. El fruto del Espíritu Santo (fe, esperanza y amor) nos acompañará por toda la eternidad.

Capítulo 17

EL ESPÍRITU DERRAMADO

S I EL ESPÍRITU que mora en nosotros produce el hermoso fruto del Espíritu, ¿qué produce el Espíritu cuando es derramado? Produce una extraordinaria variedad de capacidades espirituales. La palabra *charis*, en griego, significa "gracia", y las capacidades del Espíritu Santo que reproducen las obras milagrosas de Jesús se llaman *charismata* o "dones de gracia".

Hay momentos en que un cristiano bautizado en el Espíritu Santo recibirá una unción especial de poder para realizar una tarea extraordinaria. En tales momentos, el Espíritu Santo, que tiene todo el poder, puede venir sobre uno de sus siervos que ha sido bautizado en él para darle una llenura especial que trasciende lo normal. Esto significa que los creyentes pueden experimentar un bautismo del

Espíritu Santo, además de muchas llenuras del Espíritu que los hacen resucitar bajo circunstancias extraordinarias.

Los *charismata* o "dones de gracia" se dividen en tres categorías principales: los de expresión, los de revelación y los de poder. El Espíritu Santo puede manifestarse a sí mismo expresivamente proporcionando la capacidad de hablar en lenguas, de interpretar esas lenguas y de hablar en profecía. La profecía en este contexto no significa predecir el futuro, sino dar palabras de Dios a la iglesia para edificación, exhortación y consuelo. El apóstol Pablo dijo que "el que habla en lenguas se edifica a sí mismo" (1 Corintios 14:4). En otras palabras, edifica al propio espíritu. En la asamblea de creyentes, la interpretación del mensaje en lenguas equivale a profetizar para edificación, exhortación y consuelo.

Entre las manifestaciones de la revelación tenemos la palabra de conocimiento, que es una publicación que hace el Espíritu Santo de algo que no es perceptible a los sentidos. Esta no es una manifestación psíquica, sino una palabra clara para un creyente de algo que está sucediendo y que los cinco sentidos normalmente no pueden captar. También difiere ligeramente de la palabra de sabiduría, que es más compleja.

El rey Salomón poseía lo que conocemos como sabiduría. Tenía un vasto conocimiento del mundo físico y un agudo sentido del bien y del mal. Y lo mostró dramáticamente cuando discernió cuál de las dos mujeres que discutían era la verdadera madre del bebé que ambas reclamaban como propio. La capacidad de ordenar nuestros asuntos con sabiduría debe ser muy apreciada por todos los creyentes. En mi vida personal de oración pido, casi a diario, recibir de Dios sabiduría, favor y unción.

Sin embargo, la palabra de sabiduría es algo diferente. La sabiduría es una bendición que Dios da a su pueblo para permitirles ordenar sus asuntos y tratar inteligentemente con el mundo que los rodea. La palabra de sabiduría, por otra parte, trata sobre sucesos futuros que no están a la disposición del que la recibe, a menos que sea a través del Espíritu Santo. Si se combina con la profecía, puede convertirse en una instrucción de Dios en cuanto a eventos futuros, pero según tengo entendido, eso ocurre raras veces.

La otra capacidad reveladora del derramamiento se llama discernimiento de espíritus. Pero no tiene que ver con discernir demonios; es una percepción del mundo invisible que se encuentra más allá de lo visible. Aunque también da a quien la posee la capacidad de ver la verdadera naturaleza espiritual de algunas personas. Todo ser humano tiene algún tipo de fachada. Es lo que vemos por fuera. Dentro de algunas personas hay un corazón puro y un espíritu afable. Dentro de otras hay un corazón malvado y un espíritu impuro. Para el que posee discernimiento de espíritus, lo que hay detrás de la máscara se hace obvio.

Más allá de la realidad humana también se encuentra un mundo espiritual de ángeles y demonios. Ver la naturaleza espiritual que subyace en la actividad de una organización, una ciudad, un estado o una nación puede ser invaluable. Aunque también puede ser aterrador. Este es un tipo de conocimiento que muchos cristianos no son lo suficientemente maduros como para tratarlo con éxito.

Recuerda el momento en que Felipe llevó a Natanael ante Jesús y este le comentó: "Aquí tienen a un verdadero israelita, en quien no hay falsedad" (Juan 1:47). Jesús captó la hermosura del espíritu de Natanael y este se asombró: "¿De dónde me conoces?" (Juan 1:48), le preguntó. Con Natanael, el discernimiento de espíritus fue una experiencia grata. Pero mirar el espíritu detrás de un lunático trastornado como Charles Manson habría sido aterrador para la mayoría de las personas.

¿Recuerdas la historia del profeta Eliseo? Cuando se enfrentó a un ejército que intentaba capturarlo, le comentó a su siervo: "Los que están con nosotros son más que ellos" (2 Reyes 6:16). Al ejercer su don de discernimiento, Eliseo y su sirviente vieron las colinas rodeadas de seres angélicos enviados para protegerlos del rey de Aram.

Esta capacidad del Espíritu Santo es una excelente manera para que un consejero desarrolle empatía con un paciente. Por muchos años, los profesionales de la salud mental consideraron la fe religiosa como un tipo de enfermedad, pero ahora se están dando cuenta cada vez más del valor de la comprensión espiritual al tratar con personas afligidas, temerosas, con problemas o psicóticas.

El otro de los nueve *carismas* son las manifestaciones de poder, que incluyen la curación, los milagros y la fe. Sé que estoy en lo correcto al afirmar que aunque los cristianos llenos del Espíritu a lo largo de los siglos han tenido ministerios de sanidad muy dramáticos, a nadie se le ha dado el don de sanar. Si un individuo tuviera ese don, podría ir a un hospital y sanar a cada persona enferma que se topara con él. La curación bajo el poder del Espíritu Santo implica la aceleración de un proceso ya iniciado o la eliminación de una fuerza maligna, física o espiritual, que ha creado una enfermedad. Con la oración, bajo la autoridad del Espíritu Santo, se lleva a cabo un proceso que trae plenitud a la persona y la eliminación del patógeno o fuerza maligna que causó el padecimiento.

En mi caso, particularmente, he visto personas ciegas recibir su vista, sordos recibir su audición, personas con cáncer sanadas y enfermos de esclerosis múltiple levantarse empujando sus sillas de ruedas fuera de una sala de reuniones. Pero en cada caso, esas curaciones fueron una manifestación del Espíritu Santo, y sería una locura de mi parte afirmar que tengo un "don de curación".

Un milagro normalmente implica un acto creativo. Por ejemplo, una persona ciega que recibe un globo ocular nuevo. A un hombre al que le falta una pierna le crece una nueva. Una mujer sin órganos reproductivos queda embarazada y tiene un hijo. Cosas milagrosas como esas suceden en todo el mundo en este preciso momento, así como sucedieron en los tiempos de los discípulos de Jesús después del derramamiento de Pentecostés.

Por último, la fe es concedida como una obra de poder. Jesús les dijo a sus discípulos que si tenían una fe tan pequeña como un grano de mostaza, podrían hablarle al Monte de los Olivos y ordenarle que se trasladara al Mar Muerto, y les obedecería. Hay momentos en la vida del cristiano en los que está absolutamente abrumado con una tarea que tiene entre manos y, sin embargo, el Espíritu Santo trae una fe sobrenatural sobre esa persona. De repente, lo que parece imposible se convierte en una palabra de mando del

Espíritu Santo a través de la demostración individual de esa fe. Como nos dice la Escritura: "Si dos de ustedes en la tierra se ponen de acuerdo en cualquier cosa que pidan, les será concedido por mi Padre que está en los cielos" (Mateo 18:19).

Tengo varios ejemplos personales de eso. Cuando terminé el seminario, oré para que Dios dirigiera mi vida. Un amigo de la escuela secundaria me había desafiado a reclamar una estación de televisión en Tidewater, Virginia, para la gloria del Señor. Tenía poco o nada de dinero, en realidad. No siquiera tenía un televisor. No sabía absolutamente nada sobre cómo operar una estación televisiva. Sin embargo, un día, cuando un antiguo compañero de clase del seminario me preguntó qué iba a hacer, el poder de la fe estalló en mi voz y dije con absoluta seguridad: "Voy a Virginia a emprender una estación de televisión". Eso fue fe en acción y, de hecho, se concretó. Vi crecer la fe en mi corazón.

Más tarde, un huracán atravesaba el Atlántico y amenazaba con destruir nuestro incipiente ministerio. Cuando pedí a los participantes en un desayuno de oración en cierto hotel de Norfolk, Virginia, que apuntaran sus manos hacia la tormenta y oraran, el poder del Espíritu Santo trajo una fe sobrenatural y, sin dudarlo, le ordené a aquella poderosa tormenta que se alejara de nuestra área y que regresara al lugar de donde vino. En efecto, la tormenta no me respondió a mí, sino a la fe que me dio el Espíritu Santo de Dios. A pesar de las burlas que recibí a causa de eso, la huella de ese huracán —que todavía está registrada— testifica de lo real que es el poder del Espíritu Santo dado a sus siervos hoy.

Capítulo 18

GUIADOS POR EL ESPÍRITU DE DIOS

ENTRE LAS MAYORES bendiciones que el Espíritu Santo puede dar a sus siervos está la dirección constante para sus vidas. ¿Cómo lo hace? La Biblia nos dice: "Porque todos los que son guiados por el Espíritu de Dios, son hijos de Dios" (Romanos 8:14). También dice: "Ya sea que te desvíes a la derecha o a la izquierda, tus oídos percibirán a tus espaldas una voz que te dirá: 'Este es el camino; síguelo'" (Isaías 30:21).

Al recordar la historia de Elías en el Antiguo Testamento, YHWH se le apareció no en un huracán que aplasta rocas o una tormenta turbulenta, sino en una voz suave y apacible. La Biblia nos dice: "Estad quietos y sabed que yo soy Dios" (Salmos 46:10 RVR1960). Pienso que si estamos en silencio ante el Espíritu Santo, nos hablará serenamente y nos dará instrucciones. Tenemos derecho absoluto, como hijos, de acercarnos a nuestro Padre y pedirle instrucciones. En mi vida pública, se burlaban de mí cuando afirmaba que Dios me había dirigido a hacer ciertas cosas. Yo respondía: "Por supuesto que Dios me dirige". ¿Te imaginas a un empleado que trabajó por treinta años para una corporación y nunca escuchó una palabra de su jefe? Por supuesto que Dios nos guía; es más, si nos callamos y escuchamos, el Espíritu Santo nos dirige en el camino que debemos seguir. Dado que mora dentro de nosotros, su paz descansará sobre nosotros tranquilamente mientras nos ocupamos de nuestros asuntos cotidianos. Sin embargo, si emprendemos una relación, una aventura comercial, un viaje o cualquier otra empresa y de repente nos damos cuenta de que nuestro espíritu está perturbado, podemos ver que el árbitro nos ha advertido que nuestro curso es o no peligroso en la perfecta voluntad del Espíritu Santo.

El apóstol Pablo escribió que debemos "orar siempre sin cesar" (1 Tesalonicenses 5:17). Personalmente, tengo el hábito de hablar con Dios todo el tiempo. Esa es la clase de comunión que Adán tuvo con su Creador en el jardín del Edén antes de la caída. Es la comunión por la que Jesucristo murió para el disfrute de su pueblo después de su muerte y resurrección. Por eso dijo: "El que me envió está conmigo; no me ha dejado solo, porque siempre hago lo que le agrada" (Juan 8:29). Como sus siervos que somos, clamamos a él: "Señor, hazme parte de tu plan. ¿Qué quieres que haga? ¿Qué planeas para esta nación?".

Por supuesto, más allá del cotidiano conversar en oración con el Señor, todo creyente debe apartar un tiempo en el que pueda estar solo para leer la Biblia, orar, meditar en las cosas de Dios y pedirle dirección. Estoy absolutamente convencido de que Dios no permitirá que uno de sus siervos sea engañado si el mismo le pide fervientemente dirección.

Recuerda lo que dijo Jesús: "¿Quién de ustedes que sea padre, si su hijo le pide un pescado, le dará en cambio una serpiente?" (Lucas 11:11). Y luego dijo: "Pues, si ustedes, aun siendo malos, saben dar cosas buenas a sus hijos, ¡cuánto más el Padre celestial dará el Espíritu Santo a quienes se lo pidan!" (Lucas 11:13). Me atrevería a decir que si a la mitad de los cristianos en la nación se les preguntara por qué oraron una mañana en particular, no tendrían una respuesta. Creo que debemos ser precisos. Debemos presentarnos ante el Señor durante un tiempo devocional y entrar en su presencia con acción de gracias. Entonces, con oración y ruego, debemos dar a conocer nuestras peticiones a Dios (Filipenses 4:7). Creo que es importante que sepamos lo que le estamos pidiendo a Dios; entonces él recibirá la gloria cuando nos dé la respuesta. Jesús lo dijo muy bien: "Hasta ahora nada habéis pedido en mi nombre; pedid, y recibiréis, para que vuestro gozo sea completo" (Juan 16:24 RVR1960). Al orar, ten presente que tu Padre celestial se deleita en dar buenas dádivas a sus hijos. Él no te dará algo que te perjudique, pero esas cosas que traen alegría a tu vida te serán dadas gratuitamente. *Pide lo que quieras y te lo dará*" (Mateo 7:7, paráfrasis y énfasis mío).

Sin embargo, más allá de que pidamos, la Biblia nos dice que el Padre sabe exactamente cuáles son nuestras necesidades. De hecho, el Espíritu Santo gime dentro de nosotros.

Él sabe lo que hay en nuestro espíritu y, en consecuencia, responde.

Se nos dice claramente que no nos preocupemos por lo que debemos comer o lo que debemos beber o lo que debemos vestir porque "vuestro Padre sabe que tenéis necesidad de estas cosas" (Lucas 12:30 RVR1960). En vez de eso, debemos "buscar primeramente el reino de Dios y su justicia, y todas estas cosas os serán añadidas" (Mateo 6:33 RVR1960). Jesús les dijo a sus discípulos: "No temáis, manada pequeña; porque a vuestro Padre le ha placido daros el reino" (Lucas 12:32 RVR1960).

¿Puedes ver la confianza de una persona que camina en el Espíritu Santo? En el Salmo 91, el Señor dijo: "Por cuanto en mí ha puesto su amor, yo también lo libraré; le pondré en alto, por cuanto ha conocido mi nombre" (versículo 14 RVR1960). Luego sale a anunciar protección, provisión, honor, larga vida y la revelación de la naturaleza de Dios, todo porque puso su amor en él. Quizás mi capítulo favorito de la Biblia sea Romanos 8, que declara: "Somos más que vencedores por medio de aquel que nos amó" (Romanos 8:37). Isaías nos dice: "Ninguna arma forjada contra ti prosperará. Esta es la herencia de los siervos del Señor [YHWH]" (Isaías 54:17).

Nuestra vida, bajo el poder del Espíritu Santo, debe ser completamente victoriosa. El Espíritu Santo energizará las palabras de sus hijos, porque "cada uno se llena con lo que dice y se sacia con lo que habla" (Proverbios 18:20). Recuerda que participamos de la imagen de Dios. Por lo tanto, su palabra en nuestra boca tendrá poder así como lo tiene en la de él. Siempre debemos cuidar de asegurarnos de que nuestras palabras se conviertan en una bendición para nosotros y quienes nos rodean. Debemos evitar decir esas cosas que realmente destruyen las perspectivas que tenemos ante nosotros. Si profesamos el bien, el bien nos vendrá, porque tenemos en nuestra boca el poder de crear un ambiente de bendición para nosotros y nuestra familia. Sin embargo, ese mismo poder, cuando se usa negativamente, puede llevarnos a la desesperación, la pobreza y el fracaso continuos. Esta no es una mente *mágica*; es la realidad espiritual básica. Recuerda también que el diablo desea fervientemente tu adoración. Él envidia al Creador que es adorado gratuitamente por su creación. El diablo quiere robar esa adoración y la tomará como pueda. Si le damos crédito por las cosas que suceden en nuestras vidas, él lo recibe como adoración. Incluso da la bienvenida a las maldiciones en su nombre. Deberíamos sentirnos totalmente asqueados por los cristianos bien intencionados que dicen o sugieren cosas como: "El diablo me obligó a hacerlo". La Biblia nos dice que nunca "demos lugar al diablo" (Efesios 4:27).

Bajo el poder del Espíritu Santo, no debemos dar voz a nuestros temores en cuanto a influencias demoníacas, enfermedades, pobreza, ruptura familiar o fracaso. "¡Somos más que vencedores por aquel que nos amó!" (Romanos 8:37). Nuestro destino es ser conducidos a "más y más gloria por la acción del Señor, que es el Espíritu" (2 Corintios 3:18).

Capítulo 19

UN MILAGRO DE MULTIPLICACIÓN

C UANDO JESÚS CAMINÓ por la tierra, él y sus discípulos pasaron tiempo en un lugar desierto, y una multitud lo siguió para escuchar su enseñanza. Después de un par de días, la multitud comenzó a desmayarse de hambre. Los discípulos le contaron la situación al Maestro. En vez de proveer para las necesidades de la multitud, él les dijo a sus discípulos: "Denles ustedes mismos de comer" (Mateo 14:16). Por supuesto, no tenían suficiente dinero para comprar alimentos e incluso si lo tuvieran era poco probable que hubiera una tienda con suministros adecuados para cinco mil personas. Puedes imaginar la sorpresa de los discípulos cuando Jesús les dijo que le trajeran lo que tuvieran. Mientras buscaban, encontraron a un chico que había traído de casa su escaso almuerzo: cinco pequeñas hogazas de pan de pita y dos pescaditos.

Jesús sabía lo que iba a hacer, pero sus discípulos no tenían ni idea. Así que les dijo: "Hagan que se sienten en grupos" (Lucas 9:14). Luego tomó los pocos panes con los pececillos y pronunció una bendición sobre ellos. Entonces se los entregó a sus discípulos con instrucciones para comenzar a alimentar a la gente. En algún momento del proceso, se produjo un milagro de multiplicación. Me agrada pensar que el proceso comenzó en las manos de los mismos discípulos cuando empezaron a partir el pan y el pescado y a dárselos a la gente. Mientras hacían eso, el pan y el pescado se multiplicaron para que cada persona en la multitud tuviera suficiente para comer. Cuando terminaron, Jesús ordenó a los discípulos que recogieran las sobras. Se asombraron al ver que había doce canastas llenas de pan y pescado.

El Espíritu Santo obviamente se encarga de todas las cosas materiales, y no le es problema decir una palabra y multiplicar los suministros materiales. Dios, a través de su Espíritu Santo, puede multiplicar las cosechas de un agricultor, las ventas de un comerciante, las ganancias de un corredor de bolsa y los clientes de un hombre de negocios. Entonces, ¿por qué deberíamos preocuparnos, cuando tenemos un Padre que sabe exactamente lo que necesitamos y, en realidad, tiene la respuesta lista incluso antes de que la pidamos? El Espíritu de Dios no se impresiona con los recursos terrenales de ningún ser humano, por muy rico que sea, porque suyos son el oro y la plata, así como el ganado en mil colinas. Todos debemos reconocer que no podemos darle nada, excepto algo de lo que él ya nos ha dado.

Sin embargo, ¿y qué en este tiempo? ¿Dios multiplica en respuesta a la oración de sus siervos? Déjame darte este maravilloso ejemplo.

La madre de mi amigo Frank Foglio era una dama pentecostal de Italia que tenía una fe extraordinaria en Dios. Ella agarraba la Escritura, señalaba con el dedo, luego la levantaba hacia el cielo y gritaba: "¡Oye, Dios! ¡Esto es lo que prometiste!". Y esa querida damita esperaba su respuesta. Un día, su familia llegó a casa con unos invitados, esperando comer. Pero mamá Foglio solo tenía media caja de espaguetis en su despensa. No había suficiente comida para alimentar a una familia y mucho menos a toda una casa llena de invitados. Pero eso no disuadió a mama Foglio. Agarró una olla con agua, puso los pocos espaguetis en su interior, luego abrió la Biblia en el pasaje sobre Jesús alimentando los panes y los peces. Levantó la Biblia, puso su dedo sobre el versículo y gritó: "¡Oye, Dios! Ayúdame a alimentar a este grupo de personas. Te estoy creyendo. Espero tu respuesta".

Entonces el milagro comenzó a ocurrir. Las pocas hebras de espagueti comenzaron a inflarse y la olla se llenó. Entonces sacó ese espagueti y llenó otra olla con resultados igualmente satisfactorios. Puso los espaguetis milagrosos frente a sus invitados y toda la multitud se satisfizo por completo con una deliciosa cena.

La Biblia dice que Abraham no había engendrado un hijo con su amada esposa Sara, pero YHWH le había prometido tantos hijos como las arenas del mar. Abraham "confió en YHWH", y "él [YHWH] se lo contó por justicia" (Génesis 15:6). Hebreos 11:6 nos dice que aquellos que vienen a Dios "deben creer que él existe, y que es galardonador de los que le buscan diligentemente".

Bajo el poder del Espíritu Santo, todo es posible. La única imposibilidad es que Dios Todopoderoso se niegue a sí mismo. Como cristianos llenos del Espíritu, debemos ser un ejército al servicio del Espíritu Santo, ¡más que vencedores por medio de aquel que nos amó!

Capítulo 20

Un milagro en la puerta la Hermosa

CUANDO JESUCRISTO LES dijo a sus discípulos que serían bautizados en el Espíritu Santo, afirmó: "Y me seréis testigos en Jerusalén, en toda Judea, en Samaria, y hasta lo último de la tierra" (Hechos 1:8 RVR1960). Lo que sigue a continuación en el relato bíblico es la expansión de la iglesia cristiana bajo el poder del bautismo del Espíritu Santo.

Primero, en Jerusalén, un pequeño grupo de creyentes cristianos, a pesar del derramamiento inicial del Espíritu de Dios en Pentecostés, aún enfrentaba una increíble hostilidad por parte de los líderes religiosos de su nación. Sin duda, esos líderes se sintieron culpables por participar en la crucifixión de aquel que decía ser el Mesías. La culpa iba y venía a lo largo de los siglos. ¿Fueron los romanos responsables de la crucifixión del Mesías o los líderes judíos, o fue la misma nación de Israel? Cualquiera que sea la respuesta a estas preguntas, los líderes religiosos no querían que los primeros apóstoles se pararan en el Monte del Templo y persuadieran a la gente de que el Jesús que crucificaron era en verdad el Mesías y que ellos eran responsables de su muerte.

Sin embargo, el Espíritu Santo no tenía intención de permanecer en silencio para complacer a los líderes religiosos rebeldes. Un día, Pedro y Juan subieron al templo a la hora de la oración, sobre las tres de la tarde. Ahí se encontraron con un hombre lisiado de nacimiento que estaba pidiendo limosna. Pedro lo miró y, bajo el poder del Espíritu Santo, dijo: "No tengo plata ni oro, pero lo que tengo te doy: en el nombre de Jesucristo de Nazaret, ¡levántate y anda!" (Hechos 3:6). Entonces agarró al hombre por la mano y, cuando el espíritu de fe surgió en el hombre lisiado para encontrarse con la fe de Pedro, sus pies y sus tobillos se fortalecieron. Así que se levantó y comenzó a saltar, bailar y alabar a Dios.

Mientras las multitudes se reunían para contemplar el milagro, Pedro predicó a los presentes y condenó a los líderes religiosos por el papel que jugaron en la muerte del Hijo de Dios. Pedro, el pescador, ordenaba ahora a los rabinos y a los eruditos de la ley: "Arrepentíos … y vuélvanse a Dios, para que sean borrados sus pecados, para que vengan de parte del Señor tiempos de refrigerio" (Hechos 3:19). Luego declaró que Jesucristo estaba en el cielo con el Padre y vendría de nuevo en cumplimiento de la profecía dada a los judíos por medio de Moisés. En Hechos 3:26, Pedro les instruyó el mandato de Jesucristo de volverse de sus malos caminos.

Solo podemos imaginar la manera en que la lección de un pescador ignorante enfureció a esas personas. Pero Dios le dio a ese pescador el poder del Espíritu Santo para lograr la curación completa de un hombre cojo de nacimiento. Por tanto, ¿cómo podrían silenciar su mensaje? Pedro y Juan poseían poder espiritual, pero los líderes religiosos tenían poder secular. Así que usaron su poder ordenándoles a los soldados que capturaran a Pedro y Juan para encarcelarlos.

Al día siguiente, el sumo sacerdote Caifás y otros hombres de su familia trajeron a Pedro y a Juan ante ellos para responder a esta pregunta: "¿Con qué poder o en qué nombre hiciste esto?" (Hechos 4:7). En respuesta a las preguntas de los líderes, Pedro, lleno del Espíritu Santo, dijo: "Es en el nombre de Jesucristo de Nazaret, a quien vosotros crucificasteis pero a quien Dios resucitó de entre los muertos, que este hombre está delante de vosotros sanado. Jesús es 'la piedra que vosotros, los constructores, desechasteis, y que se ha convertido en piedra angular'. La salvación no se encuentra en ningún otro, porque no hay otro nombre bajo el cielo, dado a los hombres, en que podamos ser salvos" (Hechos 4:10-12 RVR1960).

Los líderes se enfrentaron a un dilema. Toda la ciudad se dio cuenta de que los discípulos habían realizado un milagro notable. Sin embargo, los líderes también se dieron cuenta de que si la multitud aceptaba el mensaje de Cristo resucitado, perderían su posición de gobierno y serían expulsados de sus cargos. Como los jueces modernos, emitieron una orden mordaza prohibiendo a los apóstoles hablar más sobre la autenticidad de la resurrección de Jesús y su poder milagroso.

En aquel momento, Pedro dio un mensaje que debería alentar a cualquier persona temerosa de Dios que desee hablar en contra de una tiránica orden mordaza. Pedro y Juan respondieron: "¿Qué es lo correcto a los ojos de Dios: escucharte a ti o a él? ¡Ustedes sean los jueces! En cuanto a nosotros, no podemos dejar de hablar de lo que hemos visto y oído" (Hechos 4:19-20).

A Pedro y a Juan los liberaron, por lo que fueron a la iglesia, luego se involucraron en una de las reuniones de oración más memorables de la historia. Oraron al unísono. Una vez más, debemos recordar que los discípulos estaban "todos unánimes en un mismo lugar" (Hechos 2:1) cuando vino el Espíritu Santo el día de Pentecostés.

En el tiempo de la Torre de Babel, YHWH se pronunció acerca del esfuerzo humano en los siguientes términos: "Todos forman un solo pueblo y hablan un solo idioma; esto es solo el comienzo de sus obras, y todo lo que se propongan lo podrán lograr" (Génesis 11:6). Jesús dijo a sus discípulos: "Si dos de vosotros se pusieren de acuerdo en la tierra acerca de cualquier cosa que pidieren, les será hecho por mi Padre que está en los cielos" (Mateo 18:19 RVR1960).

No puedo enfatizar lo suficiente lo importante que es para los creyentes estar de acuerdo unos con otros al orar. Los esposos y sus esposas deben estar de acuerdo juntos en oración. Los padres y los niños deben estar de acuerdo y juntos. Si hay discordia en un hogar con respecto a la crianza de los hijos, las finanzas o el trabajo y el ocio, habrá fricciones y falta de poder. Necesitamos aprender una y otra vez las claras palabras de Jesús: "Todo reino dividido contra sí mismo, es asolado; y ninguna ciudad o casa dividida contra sí misma permanecerá" (Mateo 12:25).

Durante este último siglo, elementos radicales han intentado subvertir nuestra forma de vida democrática. Lo hacen desacreditando a nuestros héroes y volviendo al pueblo en contra de los principios fundamentales que han traído el éxito y la armonía a esta gran nación. Si los líderes intelectuales de nuestro país se vuelven contra los cimientos espirituales que han producido la grandeza de nuestra tierra, finalmente caerá. Logran socavar estos cimientos de muchas maneras sutiles. Las clases se vuelven contra las clases, los mayores se vuelven contra los jóvenes y los jóvenes se vuelven contra los mayores. La gente de color se opone a la raza blanca, los inmigrantes se oponen a los nativos y viceversa. Aquellos que han traído prosperidad a través de nuestro sistema capitalista son ridiculizados como explotadores. Todo el propósito de esos nefastos ejercicios es destruir a los Estados Unidos de América que, a mi manera de pensar, es la única nación en el mundo que puede resistir la tiranía y garantizar la libertad democrática.

En lo personal, me propuse lograr la armonía entre las denominaciones, en especial las relaciones entre católicos y protestantes. Si estamos juntos, nada ha de ser imposible. Si estamos divididos, nada es posible.

Pasemos ahora a esa maravillosa reunión de oración en la que los primeros cristianos a una voz clamaron a YHWH:

Y ellos, habiéndolo oído, alzaron unánimes la voz a Dios, y dijeron: Soberano Señor, tú eres el Dios que hiciste el cielo y la tierra, el mar y todo lo que en ellos hay; que por boca de David tu siervo hablaste...
Para hacer cuanto tu mano y tu consejo habían antes determinado que sucediera. Y ahora, Señor, mira sus amenazas, y concede a tus siervos que con todo denuedo hablen tu palabra, mientras extiendes tu mano para que se hagan sanidades y señales y prodigios mediante el nombre de tu santo Hijo Jesús (Hechos 4:24-25, 28-30).

El Espíritu Santo contestó su oración con poder. El lugar donde se reunían tembló, y cada uno de los participantes fueron llenos del Espíritu Santo, por lo que hablaron la Palabra de Dios con denuedo.

Aquí aprendemos un principio importante. Cada uno de esos creyentes había sido bautizado en el Espíritu Santo. Cada uno de ellos había nacido de nuevo por la morada del Espíritu Santo. Sin embargo, en este tiempo de crisis, se nos dice que fueron "llenos" del Espíritu Santo. El principio es claro: hay una salvación y un bautismo del Espíritu Santo, pero hay muchas llenuras, especialmente cuando llega el momento de una acción extraordinaria por parte del pueblo de Dios. Por eso es absolutamente apropiado, de hecho esencial, que aquellos que conocemos a Dios estemos equipados con una infusión adicional del poder del Espíritu Santo cuando enfrentamos desafíos abrumadores en nuestras vidas.

Creo que esto es especialmente cierto cuando tenemos que tomar decisiones importantes. Se necesita poca orientación especial para subir a nuestro automóvil por la mañana y conducir al trabajo. Por supuesto, aun en ese momento debemos consultar con el Espíritu Santo si la ruta que elegimos es apropiada para la actividad que tiene para nosotros en el día. Se necesita muy poca guía del Espíritu Santo para levantarse de la cama y vestirse cada día. Se necesita poca orientación especial para cenar o irse a la cama.

Sin embargo, ¿y si sufrimos una embolia o desarrollamos un cáncer? ¿Qué pasa si un hijo es arrestado por posesión de drogas? ¿O si nos ofrecen un ascenso en nuestro trabajo que supondría mudarnos a otra ciudad? ¿Qué pasa si contemplamos un próximo matrimonio? En esos casos, las grandes decisiones requieren una gran orientación. Necesitamos una unción especial del Espíritu Santo antes de seguir adelante. En el próximo capítulo, daré algunos ejemplos de las formas en que el Espíritu Santo puede hablar a sus hijos con una "gran guía".

Capítulo 21

UNA GUÍA SOBRENATURAL COTIDIANA

UNO DE LOS maravillosos beneficios del bautismo en el Espíritu Santo es la guía sobrenatural que nos brinda día a día. El apóstol Pablo nos instruyó a "[orar] en el Espíritu en todo momento, con peticiones y ruegos. Manténganse alerta y perseveren en oración por todos los santos" (Efesios 6:18). Qué hermosa imagen nos da esto. Estamos caminando todos los días con el Espíritu Santo y hablando con él en todo momento, y él —a su vez— está hablando con nosotros.

En cada uno de nosotros hay un espíritu, y cuando nuestro espíritu se une al Espíritu Santo, lo más profundo de nuestro ser emocional, el corazón, está en paz. Cuando iniciamos un curso de acción contrario a la voluntad del

Espíritu Santo, esa paz desaparece y la inquietud o el problema toman su lugar. La Escritura dice que si miramos la iniquidad en nuestro corazón, el Señor no nos escuchará. Mientras oramos en el Espíritu Santo, si estamos conscientes de cometer actos de pecado contra el Señor, nuestro espíritu no puede tener paz ni estar de acuerdo con el Espíritu Santo. Por lo tanto, nuestras oraciones no obtienen respuesta. Pero si somos sensibles a la dirección del Espíritu Santo, podemos invocarlo para que nos guíe directamente y responda en cuanto a la dirección que debemos tomar en nuestras vidas.

Me gustaría darte un ejemplo propio. A lo largo de los años, mi esposa y yo hemos orado juntos a menudo para recibir orientación sobre los principales problemas que enfrentamos. Cuando hacemos eso, agarro mi Biblia y Dede toma la suya, entonces ambos nos quedamos callados ante el Señor. Le pedimos al Espíritu Santo que hable a nuestras mentes un versículo de la Escritura que responda la pregunta que tenemos ante nosotros. Oro y espero en el Señor, mientras Dede ruega y espera en el Señor. El Espíritu Santo nos da a cada uno de nosotros algunos versículos de la Biblia, y compartimos mutuamente lo que Dios nos ha dicho.

Una vez que hicimos eso, ocurrió un hecho dramático en relación con una estación de televisión en el sur del Líbano. Durante años había intentado obtener una licencia de transmisión que permitiera a CBN transmitir el evangelio en Medio Oriente, especialmente en Israel. Todas las puertas parecían cerrarse ante mí. Sin embargo, un día recibí una llamada telefónica de mi amigo, George Otis, que fundó High Adventure Ministries y había obtenido una licencia de transmisión en el sur del Líbano. Debido a la lucha en Beirut entre libaneses, palestinos y sirios, el presidente cristiano de Líbano, Camille Chamoun, ordenó a su hijo, Dany Chamoun, que estableciera un enclave separado en el sur de Líbano en la frontera con Israel. Luego, Dany seleccionó a un oficial del ejército, el mayor Haddad, para dirigir esa región prácticamente autónoma. George Otis se puso en contacto con el mayor Haddad y recibió de él la licencia para una estación de radio. Más tarde, George obtuvo una licencia para una estación de televisión. Sin embargo, esa empresa estaba más allá de la experiencia de High Adventure Ministries. George se puso en contacto conmigo y me dijo: "No retrasaré la venida del Señor tratando de aferrarme a esta licencia. Creo que el Señor ha elegido a CBN para usarla y estoy dispuesto a darles la licencia si pueden construir la estación".

Eso parecía una respuesta a la oración, pero me di cuenta de que había muchos peligros. Esa era una zona de guerra y había la posibilidad muy real de que cualquier inversión que hiciéramos en una estación de televisión en el sur del Líbano pudiera perderse y quedar sin recurso en caso de una acción militar en esa área. Necesitaba recibir la guía del Espíritu Santo para saber qué hacer.

Así que Dede y yo oramos, hasta que le dije: "¿Qué te mostró Dios?". Su respuesta fue: "Tengo un versículo de Isaías, pero no entiendo lo que significa". Lo miré y me quedé asombrado. Era Isaías 29:17-18: "Muy pronto el Líbano se convertirá en campo fértil, y el campo fértil se convertirá en bosque. En aquel día podrán los sordos oír la lectura del rollo, y los ojos de los ciegos podrán ver desde la oscuridad y la penumbra". Así que le dije a Dede: "¡Esto es asombroso! La estación está en el sur del Líbano, y el Señor nos está diciendo que este será un medio para llevar el evangelio a toda esa área". Había escuchado claramente al Espíritu Santo indicar que este era el camino a seguir, pero quería más confirmación.

La Biblia nos habla de un labrador visitado por un ángel que le dijo que preparara una rebelión contra los madianitas. El granjero, cuyo nombre era Gedeón, quería más confirmación. Así que le dijo a YHWH que pondría una piel de oveja, conocida como vellón, en la tierra seca. Si se mojaba, lo tomaría como una señal para reunir una fuerza armada israelí. Cuando despertó, agarró el vellón. El suelo a su alrededor estaba seco y el vellón estaba empapado. Solo para asegurarse, Gedeón pidió lo contrario: que la tierra se mojara y el vellón se secara. Al día siguiente, salió exactamente como lo había pedido. El Espíritu Santo de Dios le dio a ese hombre una instrucción clara antes de emprender lo que parecía ser un conflicto armado imposible.

Considera la guía que recibió Gedeón. Fue visitado por un ángel. El ángel mostró maravillas dramáticas ante él. El vellón que sacó dos veces volvió como lo pidió. Armado con esa instrucción, reunió una banda de hombres valientes que triunfaron en la batalla.

El Espíritu Santo nos había hablado claramente a Dede y a mí sobre la estación televisiva en el Líbano. Eso debería haber sido más que suficiente para que actuáramos. Pero debido a la magnitud de la decisión, fui un paso más allá. Francamente, no aconsejo este curso de acción a los cristianos que buscan la voluntad de Dios. Sin embargo, así lo hice, y así es como Dios me respondió milagrosamente. Dije: "Señor, si quieres que avancemos con la estación de televisión en el sur del Líbano, envíame algo de oro". Le dije a mi secretaria que buscara algo de oro; estaba pensando en una moneda de oro sudafricana o posiblemente estadounidense. En vez de eso, el Señor me asombró absolutamente.

El voluminoso correo de CBN se entregaba a una dirección postal en Portsmouth, Virginia. Sin embargo, tenía un apartado postal personal en un suburbio de Portsmouth llamado Churchland. Utilizaba esa dirección para facturas personales que no necesitaban ser procesadas a través del sistema de correo de la cadena. Un par de días después de mi petición pidiendo al Señor algo de oro, me encontré con Dede en un restaurante en Norfolk y, de camino a nuestra reunión, ella pasó por la oficina de correos de Churchland para recoger la correspondencia. Recuerda, ninguno de mis amigos sabía de la existencia de ese apartado postal y, sin embargo, entre las cartas que Dede me trajo esa noche había una del amigo que mencioné antes, Frank Foglio. Decía: "Tengo en mi poder tres monedas de oro macizo acuñadas en un molde de Pablo Picasso". Adjuntó una foto de la hermosa moneda y se ofreció a venderme una a un precio razonable. Debo decir que cuando el Espíritu Santo guía, ¡no lo hace a medias! No pude comprar la moneda, pero más tarde Frank nos la entregó junto con su certificado de autenticidad firmado por la hija de Pablo Picasso, Paloma. Todavía la tenemos como una de nuestras posesiones más preciadas, la que muestra la guía milagrosa del Espíritu Santo.

Llamé a George Otis y le conté las múltiples confirmaciones que había tenido y que estaba preparado para recibir la licencia de televisión para el sur del Líbano y seguir adelante. Le dimos el nombre Middle East Television y durante años transmitió tanto en inglés como en árabe en toda la región. El Espíritu Santo tiene capacidad infinita para contestar las oraciones de sus siervos. A lo largo de la historia hemos visto hombres y mujeres que han recibido visiones, sueños, visitas de ángeles y la voz apacible y delicada del Espíritu Santo guiándolos.

Por supuesto, todos tenemos a nuestra disposición la Palabra de Dios que se encuentra en las Escrituras. Pablo le escribió a Timoteo: "Toda la Escritura es inspirada por Dios y útil para enseñar, reprender, corregir e instruir en la justicia, a fin de que el siervo de Dios esté enteramente preparado para toda buena obra" (2 Timoteo 3:16-17). Además, la Biblia nos dice: "¿Con qué limpiará el joven su camino? Con guardar tu palabra ... En mi corazón he guardado tus dichos, para no pecar contra ti" (Salmos 119:9, 11 RVR1960).

Creo que es justo decir que al menos el noventa por ciento de todas las preguntas relacionadas con la guía personal se pueden resolver con una clara comprensión de la Palabra de Dios. No estoy hablando de textos de prueba fantasiosos o versos sacados de contexto. Ciertamente es imprudente intentar ser guiado por un versículo de la Escritura agotado más allá del significado correcto de una palabra o frase. Esto lo puedo decir con certeza: si un creyente clama sinceramente al Espíritu Santo por guía y dirección, el Espíritu Santo moverá cielo y tierra para evitar que su siervo sea engañado.

Permíteme darte un par de notas al pie de página sobre todo este asunto de la guía de Dios. La Palabra nos dice que "no abandonemos la sabiduría" (Proverbios 4:6) y que "por boca de dos o tres testigos se establecerá toda palabra" (2 Corintios 13:1). Demasiadas sectas en este mundo han renunciado a la sabiduría humana normal para guiar a un grupo de personas por un camino erróneo basados en alguna supuesta visión o revelación. Recuerda las palabras del apóstol Pablo, que dijo: "Mas si aun nosotros, o un ángel del cielo, os anunciara otro evangelio diferente del que os hemos anunciado, sea anatema" (Gálatas 1:8 RVR1960). La Biblia dice que "el que anda con sabios, sabio será" (Proverbios 13:20). Debo aclarar en este punto que "el temor del Señor es el principio de la sabiduría, y el conocimiento del Santo es la inteligencia" (Proverbios 9:10). No obstante, muchas personas en actividades seculares, ya sea en los negocios, el gobierno, la medicina, la educación, los deportes o cualquier otra, han mostrado gran sabiduría en lo que han hecho. No hay nada de malo en tratar de emular el sabio curso de acción tomado por esas personas. ¿Cuál fue el secreto del éxito de J. C. Penney? ¿Por qué Henry Ford tuvo éxito con su fábrica? ¿Qué hizo Thomas Edison para producir sus muchos inventos? ¿Qué secretos de inversión financiera utiliza el hombre conocido como el "Sabio de Omaha", Warren Buffett? ¿Qué tácticas emplearon los generales exitosos a lo largo de los siglos? ¿Qué provocó su éxito y qué sus fracasos?

Por ejemplo, el libro de Robert Kiyosaki, *Padre Rico, Padre Pobre*, destaca la yuxtaposición entre una vida de sabiduría y una insensata. En esto, señaló los pasos que dio el padre rico para traer prosperidad para él y su familia, y luego indicó los pasos que dio el padre pobre que lo llevaron a la pobreza y la miseria.

Estoy personalmente agradecido por las tres instituciones educativas donde estudié y obtuve tres títulos. Creo en recoger lo bueno y dejar atrás algunos de los fundamentos filosóficos que son contrarios a la Biblia.

El Libro de los Salmos comienza con estas palabras: "Bienaventurado el varón que no anduvo en consejo de malos, ni estuvo en camino de pecadores, ni en silla de escarnecedores se ha sentado, sino que su delicia está en la ley de los Señor" (Salmos 1:1-2). Necesitamos el consejo de personas piadosas y debemos ser lo suficientemente humildes para aprender de ellos. De hecho, me instruyen más los errores que cometen las personas prominentes que los cursos de acción correctos que toman.

Es obvio que no debemos seguir la actividad de los impíos sin importar cuán prósperos puedan parecer. Al mismo tiempo, el consejo de amigos piadosos puede ser muy útil cuando buscamos orientación para un curso de acción en particular. Sin embargo, quisiera advertir contra la exposición de las palabras que nos ha dado el Espíritu Santo antes de que se cumplan. Es muy fácil recibir desprecio y desánimo, y ser disuadido de llevar a cabo la voluntad de Dios por el consejo de supuestos expertos que no tienen la mente del Señor. No creo que exagere cuando puedo decir que por cada diez personas que dicen que se puede lograr una meta, hay al menos noventa que te pueden dar razones por las que no se logrará. Evita a aquellos que son conocidos como pensadores negativos. Muchos se avergüenzan de que ellos mismos no se hayan esforzado por lograr nada y se deleitan en tratar de frustrar los planes de aquellos que están en camino a triunfar.

Capítulo 22

CUANDO LOS JUDÍOS SALIERON DE EGIPTO

CUANDO LOS JUDÍOS salieron de Egipto y entraron en la tierra prometida, estaban rodeados por toda clase de personas que observaban costumbres y tenían creencias directamente opuestas a las enseñanzas de YHWH. Sacrificaban a sus hijos a un dios pagano. Trataban asuntos adúlteros e inmorales de manera libertina. Practicaban varios tipos de incesto. Ejercían la bestialidad sexual y la homosexualidad. Adoraban al sol, la luna y las estrellas, erigían postes de Asera para adorar a la diosa Astarté y se involucraban en otras prácticas que Dios le había dicho a su pueblo que harían que la tierra los "vomitara". De una prohibición contra el matrimonio con paganos, surgió un conjunto de enseñanzas que prohibían la interacción social entre judíos y gentiles. Incluso después de la resurrección de Jesús, sus discípulos judíos ortodoxos, como Pedro, todavía se negaban a tener contacto con los gentiles.

Mientras el apóstol Pedro visitaba la casa de Simón el curtidor en Jope, en la costa del mar Mediterráneo, se le apareció un ángel a un piadoso centurión romano llamado Cornelio. Ese oficial oraba, cuando el Espíritu Santo le dio una visión de un ángel de Dios que le informó que sus oraciones habían sido escuchadas. El ángel le indicó en la visión que enviara siervos a Jope para traer de vuelta a un hombre llamado Pedro, que estaba hospedado junto al mar con Simón el curtidor.

Al mismo tiempo, el Espíritu Santo hizo que Pedro entrara en trance mientras esperaba su comida del mediodía; cuando estaba en ese trance, vio que bajaban un lienzo del cielo. En él había toda clase de animales inmundos. Entonces la voz del Espíritu Santo habló a Pedro, diciendo: "Levántate, Pedro. Mata y come" (Hechos 10:13). Pero Pedro, como judío ortodoxo, exclamó: "¡De ninguna manera, Señor! —replicó—. Jamás he comido nada impuro o inmundo" (Hechos 10:14). Entonces la voz del Espíritu Santo respondió: "No llames impuro a lo que Dios ha limpiado" (Hechos 10:15).

Cuando Pedro se despertó, se le informó que los hombres de Cornelio habían venido y preguntado por él. El Espíritu Santo le habló a Pedro y le dijo: "Date prisa, baja y no dudes en ir con ellos, porque yo los he enviado" (Hechos 10:20).

A pesar de sus dudas, Pedro tenía una guía clara. Tuvo una visión y una palabra diáfana del Espíritu Santo para ir sin dudar. Así que se puso en camino a la casa de Cornelio. Cuando llegó, descubrió que Cornelio había reunido a varios amigos para escuchar lo que tenía que decirles. Pedro explicó al grupo reunido que él era judío ortodoxo y que no se le permitía tener ningún contacto social con ellos. Sin embargo, el Espíritu Santo le había dicho que viniera a entregarles un mensaje. Pedro les predicó acerca de la crucifixión de Jesús y su resurrección. Mientras pronunciaba esas palabras, los romanos reunidos oyeron y por fe creyeron en Jesús como el Salvador del mundo.

En ese momento, el Espíritu Santo cayó sobre ellos y comenzaron a hablar en lenguas y a glorificar al Señor. También vemos que los fieles de la circuncisión que habían venido con Pedro se quedaron atónitos de que también sobre los gentiles se derramase el don del Espíritu Santo. Porque los oían que hablaban en lenguas, y que magnificaban a Dios. Entonces respondió Pedro: "¿Puede acaso alguno impedir el agua, para que no sean bautizados estos que han recibido el Espíritu Santo también como nosotros?" (Hechos 10:45-47).

Por primera vez en la historia de la iglesia cristiana, los gentiles habían creído en Jesús, habían sido bautizados por el Espíritu Santo y sido aceptados en la comunidad de creyentes. Ese era precisamente el mensaje que Jesucristo había dejado a su pueblo: que después de que el Espíritu Santo los bautizara, serían testigos de él "en Jerusalén, en toda Judea y Samaria, y hasta los confines de la tierra" (Hechos 1:8).

Si una persona se para en Jope, puede mirar hacia todo el mar Mediterráneo y darse cuenta de que ese fue el lugar donde el Espíritu Santo decidió lanzar la iglesia cristiana para todo el mundo mediterráneo y el imperio romano. Sin embargo, mientras eso sucedía, un fanático judío ortodoxo llamado Saulo de Tarso intentaba arrestar a los cristianos e incluso apedrearlos hasta la muerte. Saulo y un grupo de lo que creo que eran guardias del templo se dirigían a Damasco para arrestar a los cristianos. Cuando Saulo se acercaba a Damasco, una luz lo rodeó y cayó al suelo. Una voz habló: '"Saulo, Saulo, ¿por qué me persigues?' '¿Quién eres, Señor?', preguntó Saulo. 'Yo soy Jesús, a quien tú persigues', respondió. 'Levántate ahora y entra en la ciudad, y se te dirá lo que debes hacer'" (Hechos 9:4-6).

Saulo fue llevado ciego a Damasco. Al mismo tiempo,

"Había en Damasco un discípulo llamado Ananías, a quien el Señor llamó en una visión.

—¡Ananías!

—Aquí estoy, Señor.

—Anda, ve a la casa de Judas, en la calle llamada Derecha, y pregunta por un tal Saulo de Tarso. Está orando, y ha visto en una visión a un hombre llamado Ananías, que entra y pone las manos sobre él para que recobre la vista" (Hechos 9:10-12).

Por supuesto, Ananías era como muchos de nosotros que pensamos que podemos recordarle al Señor cosas de las que él "no está consciente". "Entonces Ananías respondió:

Señor, he oído de muchos acerca de este hombre, cuántos males ha hecho a tus santos en Jerusalén" (Hechos 9:13). Con eso dio a entender que el Señor se había equivocado de persona. Pero el Señor corrigió a Ananías y dijo: "¡Ve! —insistió el Señor—, porque ese hombre es mi instrumento escogido para dar a conocer mi nombre tanto a las naciones y a sus reyes como al pueblo de Israel. Yo le mostraré cuánto tendrá que padecer por mi nombre" (Hechos 9:15-16).

Obedeciendo, Ananías fue al lugar donde se hospedaba Saulo. Le dijo que había ido a orar por su sanidad y que recibiría el poder del Espíritu Santo. Mientras oraba por él, le cayeron escamas de los ojos a Saulo, y supongo que en ese momento fue bautizado en el Espíritu Santo. Entonces Saulo el perseguidor fue a Jerusalén y habló poderosamente en el nombre de Jesús. La Escritura nos dice que "la iglesia disfrutaba de paz a la vez que se consolidaba en toda Judea, Galilea y Samaria, pues vivía en el temor del Señor. E iba creciendo en número, fortalecida por el Espíritu Santo" (Hechos 9:31).

El Espíritu Santo estaba perfeccionando su iglesia, quitando obstáculos, abriendo los corazones de los creyentes potenciales y fortaleciendo la comunión. Sin embargo, hubo una cosa que el Espíritu Santo también logró dramáticamente. Purgó el engaño del cuerpo de los creyentes.

Se nos dice que en la iglesia primitiva había una generosidad extraordinaria. Los creyentes vendían sus posesiones y llevaban el dinero a los apóstoles, que luego compraban bienes y los distribuían entre los de la asamblea. Hechos 5 nos habla de un hombre llamado Ananías que tenía un campo y lo vendió. Este detestaba regalar el cien por ciento de las ganancias, así que retuvo una parte y le llevó el resto a Pedro. El Espíritu Santo permitió que Pedro sintiera que algo andaba mal, así que le preguntó a Ananías si eso era realmente la totalidad de las ganancias de la venta de su tierra. Ananías respondió afirmativamente.

Pedro sabía que estaba mintiendo, así que dijo: "Como el dinero era tuyo, podrías haberlo conservado. Pero ¿por qué le mentiste al Espíritu Santo?" (paráfrasis mía). Por ese engaño, Ananías cayó muerto. Poco después llegó su esposa, Safira. Pedro le preguntó si ella había dado el cien por ciento de las ganancias de la venta de la tierra al Señor. Ella respondió afirmativamente. Pedro volvió a decir: "¿Por qué se pusieron de acuerdo para poner a prueba al Espíritu del Señor? ¡Mira! Los que sepultaron a tu esposo acaban de regresar y ahora te llevarán a ti" (Hechos 5:9). Y Safira cayó muerta.

El juicio sobre esa joven pareja parece exagerado. Pero hemos descubierto que un pequeño mal a lo largo de los años puede convertirse en un gran mal. El Espíritu Santo no estaba dispuesto a permitir que ninguna mancha de maldad contaminara la hermosa comunión que él había establecido en la iglesia primitiva.

Ahora volvamos al hombre que fue el apóstol de los gentiles. Los apóstoles y hermanos en Judea oyeron que los gentiles habían recibido la Palabra de Dios. Cuando Pedro fue a Jerusalén, explicó lo que sucedió en la casa de Cornelio. Los que se dispersaron por la persecución estaban contando el mensaje del Señor en Chipre, Cirene y Antioquía, y también comenzaron a hablar a los griegos de las buenas nuevas de Jesús. Un gran número de personas creyeron y se volvieron al Señor.

Los ancianos de la iglesia en Jerusalén decidieron enviar a Bernabé para animarlos y este buscó a Pablo para que lo acompañara en esa tarea. Cuando Bernabé encontró a Pablo, lo llevó a Antioquía y se quedaron con la iglesia una semana entera, enseñando a un gran número de personas las verdades del cristianismo. De hecho, la Escritura indica que los discípulos fueron llamados cristianos por primera vez allí.

En la iglesia de Antioquía había profetas y maestros de varias partes del mundo mediterráneo. Mientras adoraban al Señor y ayunaban, el Espíritu Santo dijo: "Apártenme a Bernabé y a Saulo para la obra a la que los he llamado" (Hechos 13:2). Cuando hubieron ayunado y orado, les impusieron las manos y los despidieron. Los dos, enviados por el Espíritu Santo, descendieron a Seleucia y luego navegaron a Chipre. Aquí nuevamente, vemos al Espíritu Santo de Dios llamando a las personas, dirigiéndolas y mostrándoles el camino que él quiere que sigan para edificar la iglesia.

Capítulo 23

DIVISIONES CARNALES EN LA IGLESIA

S I PUDIÉRAMOS IMAGINARNOS las ciudades de habla griega en Asia Menor que visitó el apóstol Pablo —tal vez Atenas o Corinto—, nos daríamos cuenta de que los primeros cristianos no provenían de los estratos más altos de la sociedad ni de las clases educadas. Eran simples peones, tenderos y pequeños comerciantes que solo tenían una educación rudimentaria. Como dijo el apóstol Pablo: "No muchos de ustedes son sabios, según criterios meramente humanos; ni son muchos los poderosos ni muchos los de noble cuna. Pero Dios escogió lo insensato del mundo para avergonzar a los sabios, y escogió lo débil del mundo para avergonzar a los poderosos" (1 Corintios 1:26-27).

Sin embargo, ¿qué sucedió cuando el poder del Espíritu Santo descendió sobre esas humildes personas? De repente recibieron visiones y sueños sobrenaturales. Podían imponer las manos sobre los enfermos y estos sanaban. Podían moverse con los *carismas* o dones reveladores que les otorgaban habilidades que los miembros de su grupo de compañeros no podían ni imaginar. Es fácil suponer que algunos de los primeros cristianos, llenos del poder del Espíritu Santo, se volvieron orgullosos o arrogantes y podrían haber tratado esas capacidades espirituales como una especie de juguete. El apóstol Pablo les escribió como un padre a sus hijos, diciéndoles: "Sean niños en cuanto a la malicia, pero adultos en su modo de pensar" (1 Corintios 14:20). Por eso les dijo: "Cuando yo era niño, hablaba como niño, pensaba como niño, razonaba como niño; cuando llegué a ser adulto, dejé atrás las cosas de niño" (1 Corintios 13:11).

Es emocionante orar por alguien y ver a esa persona sanada. Es conmovedor cuando escuchamos la voz de Dios dándonos un mensaje que debemos entregar como sus enviados especiales. Hay una transición natural a un sentimiento de orgullo cuando alguien es usado de una manera tan inusual. Por eso todo cristiano debe saber que los carismas provienen de Dios mismo. Él es el autor de lo milagroso, no tenemos sus bendiciones por nuestra capacidad o santidad; nos son dados por su gracia y su sabiduría.

En la iglesia primitiva había claramente orgullo entre la gente ignorante, al igual que en la iglesia de hoy. El orgullo y un espíritu partidista[2] pueden desarrollarse entre aque-

---

2 Esto de ninguna manera describe una afiliación o preferencia política, sino que se refiere más bien a una lealtad a una forma particular de doctrina o a ser seguidor de un líder religioso en particular.

llos que no están completamente cimentados en la fe. La Escritura nos dice que deseemos fervientemente mantener la unidad del Espíritu y los lazos de paz hasta que lleguemos al conocimiento de un varón perfecto bajo la plenitud de Jesucristo. Recuerda, Dios resiste a los soberbios pero da gracia a los humildes (ver 1 Pedro 5:5). No hay nada que ninguno de nosotros tenga, ya sea educación o sabiduría o riqueza, que no venga de nuestro Padre amoroso. Debemos estar constantemente alerta contra el orgullo y el espíritu partidista.

Pablo era hebreo, un ciudadano romano que pensaba y escribía en el idioma griego. El griego es muy preciso en cuanto a la emoción que conocemos como amor. De *eros* obtenemos la palabra "erótico", que es el amor sexual entre un hombre y una mujer. *Phileo* es un tipo de amor fraternal usado para dar nombre a Filadelfia, la "Ciudad del amor fraternal". Luego está *ágape*, el amor sacrificial que Jesucristo mostró a sus discípulos y, en última instancia, al mundo entero cuando murió por nosotros en la cruz del Calvario.

El apóstol Pablo vio la importancia de llevar claridad a los jóvenes cristianos sobre los cuales el Espíritu Santo les había dado el apostolado y la paternidad espiritual. Quería que comprendieran claramente que la iglesia a la que pertenecían había sido establecida por el Espíritu Santo sobre el fundamento de Jesucristo. Les advirtió acerca de las divisiones carnales y el tipo de facciones que resultaba de comparar a un líder cristiano con otro. Les dijo que su mensaje no se basaba en palabras atractivas de sabiduría griega. Al contrario, estaban acompañadas de demostraciones poderosas del Espíritu Santo para que su fe descansara no en la inteligencia de los hombres, sino en el poder de Dios. Luego citó a Isaías: "Cosas que ojo no vio, ni oído oyó, ni han subido en corazón de hombre, son las que Dios ha preparado para los que le aman" (1 Corintios 2:9). Pero declaró que el Espíritu Santo las había revelado "porque el Espíritu todo lo escudriña, aun lo profundo de Dios" (1 Corintios 2:10).

El apóstol Pablo luego pasó a explicar en detalle la obra adicional del Espíritu Santo. Él dijo: "Porque ¿quién de los hombres sabe las cosas del hombre, sino el espíritu del hombre que está en él? Así tampoco nadie conoció las cosas de Dios, sino el Espíritu de Dios. Y nosotros no hemos recibido el espíritu del mundo, sino el Espíritu que proviene de Dios, para que sepamos lo que Dios nos ha concedido" (1 Corintios 2:11-12). En el idioma griego, la palabra alma es *psuche*. La palabra para cuerpo es *soma*. La palabra para Espíritu es *pneuma*. Algunas personas tienen una enfermedad psicosomática, que es un padecimiento del alma que afecta al cuerpo. De la palabra *psuche* obtenemos el término psíquico. Ciertamente, tenemos prohibido agitar nuestros poderes *psíquico*. No cuestiono el hecho de que, en efecto, hay personas que pueden mostrar proezas extraordinarias de conocimiento sobre lo que afirman que son revelaciones psíquicas. Pero esas revelaciones no provienen de Dios y muy a menudo pueden ser manipuladas por espíritus del enemigo.

Cuando Pablo escribió a la iglesia en Corinto, les dijo claramente que el hombre anímico (*psucheikos*) "no percibe las cosas que son del Espíritu de Dios, porque para él son locura" (1 Corintios 2:14 RVR1960). Pero el hombre motivado por el Espíritu de Dios "juzga todas las cosas; pero él no es juzgado de nadie" (1 Corintios 2:15 RVR1960).

Cuando Jesucristo estuvo en la tierra, informó a sus discípulos que ningún hombre podía acudir a él a menos que fuera guiado por Dios. El apóstol Pablo amplificó eso muy claramente cuando dijo: "Nadie puede decir que Jesús es Señor, sino por el Espíritu Santo" (1 Corintios 12:3). En otras palabras, la declaración que afirma la experiencia de una persona como cristiano es dada directamente por el Espíritu Santo. Ciertamente no es una experiencia psíquica. Es una experiencia espiritual. Y de nuevo, enfatizamos las palabras de Pablo, que dijo: "Porque '¿quién ha conocido la mente del Señor [YHWH] para instruirlo?' Nosotros, por nuestra parte, tenemos la mente de Cristo" (1 Corintios 2:16).

Capítulo 24

MILAGROS EN MI VIDA

ALREDEDOR DEL AÑO 1900, un joven —de un notable entendimiento profético— dotado por el Espíritu Santo viajó de Rusia a la sección armenia de Turquía. Él le explicó al pueblo armenio que Dios le había dado una revelación: se avecinaba una gran persecución del pueblo cristiano en Turquía, por lo que debían vender todo lo que tenían, agarrar el dinero y viajar a Estados Unidos de América. Efectivamente, dibujó un mapa que mostraba la ruta de Turquía a Nueva York y de Nueva York al área de Los Ángeles, en California. Como puedes imaginarte, la mayoría de las personas que escucharon su mensaje no lo creyeron y se negaron a renunciar a la vida cómoda que habían disfrutado por muchas décadas.

La visión del joven ruso, trágicamente, se hizo realidad en lo que se conoce como el "Genocidio Armenio".

Después de la Primera Guerra Mundial, el imperio otomano se desarrolló y nació una nueva Turquía. Los líderes se llamaban los "Jóvenes Turcos", y Kemal Atatürk era su líder. Aunque Atatürk se comprometió a hacer de Turquía un estado laico, solo lo hizo después de proclamar que todos los no musulmanes debían ser expulsados del país. A esas alturas, comenzó el Genocidio Armenio, que duró de 1915 a 1917, en el que se cometieron horribles atrocidades contra adultos y niños por igual. Las palabras son inadecuadas para explicar los horrores que sufrieron esas personas inocentes. Sin embargo, sucedió, y aquellos armenios cristianos que no escucharon la voz del profeta que Dios les envió vivieron para sufrir la agonía de su decisión. Pero a aquellos que lo oyeron, les esperaba un futuro brillante.

Al menos una familia, los Shakarian, le creyeron al joven. Vendieron sus posesiones, agarraron el dinero y abordaron el transporte que los llevaría a través de Europa, cruzando el Atlántico hasta los Estados Unidos, rumbo a California. Cuando llegaron a Los Ángeles, se estaba realizando el avivamiento de la Calle Azusa. Esos cristianos armenios se sintieron como en casa con aquel tipo de culto que habían conocido en su país de origen.

Isaac Shakarian comenzó a vender productos agrícolas en un carrito por las calles. Con esas ganancias, compró una manada de ganado y se dedicó al negocio de los lácteos. Muchos años después, antes de morir, Isaac Shakarian había adquirido grandes propiedades en el sur de California y dirigía la lechería independiente más grande del país. Su hijo, Demos, que se crió en ese entorno, se convirtió por derecho propio en un hombre de negocios y terrateniente extraordinariamente exitoso.

Una noche, cuando el joven Demos estaba en oración, la pared de su habitación pareció como encendida en fuego, y vio a miles de hombres en todo el mundo levantando sus manos y alabando a Dios. Con la fuerza de esa visión, reunió a algunos de sus amigos para un desayuno de oración en la cafetería Clifton's, en Los Ángeles. De esa reunión de oración inicial surgió una organización conocida como Full Gospel Businessmen's Fellowship (FGBF), una organización de hombres llenos del Espíritu cuyo deseo ferviente era ver el mensaje del Evangelio completo esparcirse por todo Estados Unidos y el mundo.

Uno por uno, los hombres de negocios llenos del Espíritu fueron elegidos como jefes de los capítulos de la FGBF en sus respectivas ciudades. Después de varios años, esos hombres eligieron un grupo de directores internacionales, a quienes se les encargó la organización. Ellos, a su vez, atrajeron a sus amigos y hombres de negocios en ciudades de todo el país a las reuniones de sus capítulos. A medida que la organización creció, las reuniones se expandieron a niveles regionales de mayor escala que se realizaban en períodos de varios días. En cada una de esas reuniones, se invitaba a hablar a líderes cristianos reconocidos, y las reuniones de la FGBF se convirtieron en lo más destacado para los asistentes.

En una convención regional de FGBF en Washington, D. C., en la década de 1960, la oradora destacada fue la famosa evangelista Kathryn Kuhlman. Estaba programada para realizar lo que se llamó un "servicio milagroso".

Desafortunadamente, en el último minuto, Kathryn no pudo asistir y se abrió un espacio vacante. Los directores regionales buscaron un orador y me eligieron como candidato. Me pidieron que fuera a Washington un sábado por la tarde para realizar un "servicio milagroso" ante una multitud de varios miles de personas que se reunirían en el gran salón de baile de un hotel.

Cuando se le pide a una persona que enseñe, típicamente la única expectativa es una exposición de la Biblia. Si se le pide que predique o dirija una reunión de evangelización, solo tiene que invitar a las personas a entregar su corazón con fe en Jesucristo. Si, por el contrario, se le pide que haga milagros, entonces no hay salida, ¡debe haber milagros!

Ese sábado por la tarde, me paré con algo de miedo y temor ante esa gran audiencia con el fin de pedir milagros. El Señor me llevó a hablar sobre el general sirio Naamán. Estaba tan lleno de orgullo que su lepra no pudo curarse hasta que obedientemente se sumergió en las aguas del río Jordán.

Después de hablar, le pedí a la audiencia que me acompañara a alabar a Dios, lo que hicimos con gran entusiasmo. Levantamos nuestras manos, alabamos a Dios, clamamos por su bendición y —de repente— comenzaron los milagros. El Espíritu Santo empezó a fluir a través de mí en palabras de conocimiento y proclamé sanidades por todo el salón. La gente se puso de pie y testificó que habían ocurrido milagros. Fue una demostración del poder de Dios como pocas veces había visto.

En un caso, el Señor me dijo que alguien estaba orando por $7.200 y que él iba a contestar esta oración. Sorprendentemente, un par de asistentes habían abandonado la reunión y se alejaban escuchando la radio. Habían estado orando exactamente por $7.200, y esa fue una respuesta a su oración.

Más particularmente aun, el Señor me dio una palabra de conocimiento en cuanto a que Dios estaba sanando a alguien que tenía la columna vertebral deteriorada. A mi derecha, no muy lejos de la plataforma, un teniente general de la Fuerza Aérea se enfrentaba a la jubilación forzosa debido al deterioro de su columna. Al igual que el general Naamán, ese oficial era demasiado orgulloso para reconocer su dependencia de Dios. Pero en ese momento, a causa de la palabra de conocimiento, abrió su corazón al poder del Espíritu Santo y su columna fue sanada milagrosamente.

Nunca olvidaré ese día, cuando ola tras ola del poder de Dios atravesaron esa audiencia y el Espíritu Santo, a través de la manifestación de palabras de conocimiento, produjo milagros y regocijo a todos los reunidos.

Aunque ese momento glorioso se destaca en mi memoria, mi coanfitrión en *El Club 700* y yo también somos testigos de demostraciones milagrosas del poder de Dios cada vez que oramos juntos al aire.

Cuando comencé a transmitir, guie a la audiencia en oración, pero no había una palabra de conocimiento. Cierto día, yo era el único presentador del programa y estaba sentado en el escritorio frente al micrófono, pidiéndoles a las personas que comenzaran a orar. Mientras orábamos, algo extraño se apoderó de mí. Percibí un olor a mantequilla de maní. Podía gustar la mantequilla de maní e incluso me sentí rodeado de ese producto. Entonces dije: "No estoy seguro de qué es esto, pero alguien en esta audiencia que tiene relación con la mantequilla de maní tiene una afección cardíaca".

Resultó que una de las personas de nuestra audiencia estaba relacionada con la mantequilla de maní. Se le había caído un frasco en la cocina y en ese momento estaba en cuclillas —sobre sus manos y sus rodillas— limpiándolo con la televisión al fondo. Cuando la palabra de conocimiento se oyó, supo que ella era la receptora y reclamó la curación de su condición cardíaca en medio de la mantequilla de maní. Sé que es algo divertido, pero esa fue mi introducción en el aire para pasar a las palabras de conocimiento.

Desde entonces, he visto a Dios hacer cosas absolutamente extraordinarias. Déjame darte un ejemplo.

Entre tanto que oraba, el Señor me mostró a una mujer con un pie fracturado y enyesado, que estaba viendo el programa, mientras él la estaba sanando con su poder. Mi programa de ese día, según recuerdo, fue un lunes. Dos días después, una mujer en Beverly Hills se rompió el tobillo y la enyesaron. (Recuerda, ella no se había roto el tobillo cuando oyó la palabra de conocimiento. Pero Dios no vive en el tiempo. Él vive en la eternidad. Y con él no hay principio ni fin... todo es eterno). Ese programa grabado se transmitió en Beverly Hills el lunes siguiente, cuando efectivamente había una mujer con un tobillo enyesado viéndolo; ella fue tocada y sanada por la palabra que había sido dada para describir su condición antes de que la padeciera.

Recuerdo otro informe interesante que nos llegó de África. Parece que una mujer en Nigeria estaba viendo una grabación de *El Club 700* en su lecho de enferma. Mientras se encontraba en un estado relativamente indefenso, una pandilla de jóvenes matones irrumpió en su casa y avanzó amenazadoramente hacia ella. A medida que avanzaban, nuestro programa grabado se reproducía en un televisor al fondo. De repente los jóvenes maleantes dieron un brinco del susto y huyeron de la casa porque sintieron la presencia de un ser espiritual que salía de la transmisión televisiva. No puedo decir cómo se adhiere Dios a una transmisión grabada que manifiesta tanto poder que asusta a unos ladrones, pero sin embargo, eso es lo que sucedió.

Es simplemente asombroso que el Espíritu Santo de Dios le dé a su pueblo revelación y poder para sanar a los miembros de una audiencia en toda la nación y en todo el mundo.

Recuerdo un caso que es algo divertido. Mientras oraba, sentí que el Espíritu Santo decía que la rodilla de alguien estaba sanando. Así que dije que la rodilla de una persona estaba siendo sanada y añadí: "Creo que es la derecha". Ahora bien, esa transmisión fue grabada y la cinta se envió a una ciudad distante para reproducirla una semana después. De modo que una mujer, en esa ciudad, estaba viendo el programa y, como dije que "la rodilla derecha se estaba curando", ella le dijo a la televisión: "¡No tonto, es la rodilla izquierda!". Y luego en la cinta, mi voz dijo: "No, no es la rodilla derecha, es la rodilla izquierda", y la rodilla izquierda de la mujer sanó. ¿Cómo puede un espectador hablar con una cinta de una transmisión en vivo de hace una semana y hacer que realmente responda a su declaración?

Al caminar con el Espíritu de Dios, me he dado cuenta de su extraordinaria sabiduría. Como las hemos registrado, miles y miles de personas que sufren han sido identificadas, a menudo por su nombre, y sanadas por una palabra de conocimiento dada a través de mí o de un coanfitrión.

Antes de darte más detalles, déjame explicarte lo que estoy hablando. Tanto la palabra de sabiduría como la palabra de conocimiento son recibidas por el hombre interior del individuo, ya sea por lo que se llamaría una impresión o una voz real. No estoy hablando en absoluto de algún tipo de manifestación psíquica, sino de una palabra clara del Espíritu Santo de Dios.

Siento que el Espíritu de Dios obra en la alabanza. Las Escrituras nos dicen: "Entrad por sus puertas con acción de gracias, y por sus atrios con alabanza" (Salmos 100:4 RVR1960). Mientras alabamos a Dios, su Espíritu comienza a respondernos. La manifestación del Espíritu Santo siempre es para fortalecer y edificar el cuerpo de Cristo. No son juegos, sino regalos de gracia para aquellos que están humildemente dispuestos a servir a la obra de Dios.

Aquí tenemos varios ejemplos tomados de nuestro programa diario *El Club 700* que he tenido el privilegio de presentar por más de cinco décadas.

Rebecca de Knoxville, Tennessee

Después de que Rebecca se sometiera a una cirugía a corazón abierto el 3 de febrero de 2008, sus cuerdas vocales se dañaron de manera significativa. Eso la devastó porque ya no podía cantar.

Mientras miraba *El Club 700* el 18 de marzo de 2020, me escuchó decir a través de una palabra de conocimiento lo siguiente: "Le hablo a alguien que es cantante y tienes un problema con tu laringe. Pon tu mano en tu garganta ahora mismo y créele a Dios". Rebecca supo al instante que eso era para ella, así que salió disparada del sofá y lo reclamó. Inmediatamente pudo cantar y eligió como su primera canción "Maravillosa Gracia".

NILA DE AZTEC, NUEVO MÉXICO

Nila se sentía muy mal por su amigo Larry, que sufría de un problema intestinal importante. Fue tan grave que tuvo que ir a urgencias cuatro veces con un dolor insoportable. Su médico lo diagnosticó como un bloqueo y sugirió cirugía. Nila tenía otro amigo que también sabía de la condición de Larry. Ese amigo vio El Club 700 el 4 de marzo de 2020 y me escuchó orar: "Alguien está lidiando con un problema en sus intestinos. Se está eliminando un bloqueo; te sentirás mucho mejor".

Ese amigo le envió a Nila una copia en video de ese segmento. Ambos reclamaron sanidad para Larry. ¡En su próxima cita, el médico de Larry confirmó que el bloqueo había desaparecido!

WENDY DE FALLBROOK, CALIFORNIA

Justo antes de la Navidad de 2019, le sucedió lo impensable a Wendy de Fallbrook, California. Un hombre que conducía una Ford F-150 la golpeó con su camioneta mientras ella estaba parada frente a la tienda Home Depot. La tomografía computarizada mostró un trauma cerebral severo y una conmoción cerebral. Desde entonces, Wendy sufría de mareos crónicos.

Vio *El Club 700* el 26 de marzo de 2020 y me escuchó orar: "Hay alguien con un problema en su cerebro. Hay algo de líquido o algo en los tejidos del cerebro... pon tu mano sobre tu frente y sana en el nombre de Jesús". A través de esa palabra de conocimiento, Wendy se dio cuenta —inmediatamente— de que su mareo había desaparecido. ¡Hasta sacudió la cabeza e hizo todo tipo de cosas que no había hecho en tres meses!

Louis de Whiting, Nueva Jersey

En septiembre de 2019, Louis de Whiting, Nueva Jersey, se sometió a una cirugía de rodilla de rutina y comenzó la fisioterapia. Por desdicha, en su primera sesión, le dijeron que hiciera un ejercicio e inmediatamente escuchó un fuerte "¡pop!". Tenía un cuádriceps desgarrado, además de su problema de rodilla.

Louis vio *El Club 700* el 19 de marzo de 2020 y me escuchó orar: "Alguien se desgarró el músculo cuádriceps derecho (tal vez mientras hacía ejercicio), se le rompió y ha sido muy doloroso. En este momento, el dolor se está yendo". Louis sabía que esa palabra era para él, ¡y Dios lo sanó instantáneamente! No ha tenido ningún dolor desde entonces.

MARY LOU DE CIBOLO, TEXAS

Con el tiempo, el hombro de Mary Lou comenzó a mostrar desgaste debido a la carga —literalmente— de galones de agua por tres tramos de escaleras. El hueso de su hombro comenzó a salírsele, apuntando hacia arriba. Fue extremadamente doloroso.

Mientras miraba *El Club 700* el 25 de marzo de 2020, Mary Lou me escuchó orar: "Tu brazo, te duele mucho. En este momento, sentirás una calidez. Esos huesos se están uniendo milagrosamente; tu brazo está completamente bien". ¡Ella creyó y pudo decir al instante que su hombro estaba completamente curado! Durante el mismo programa, también oré por la garganta de alguien y dije: "Toca tu garganta ahora mismo y estarás sano". Mary Lou experimentó una flema inusual como resultado de una cirugía que tuvo hace veinte años. ¡Dios sanó ambas condiciones inmediatamente a través de esas palabras de conocimiento!

BARBARA DE LIMA, OHIO

Cada vez que Barbara iba a la tienda, esperaba que hubiera un scooter [un carrito eléctrico] disponible. Tenía mal la cadera y no podía presionarla.

Mientras veía *El Club 700* el 18 de marzo de 2020, Barbara me escuchó orar: "Alguien que tiene una lesión en la cadera… artritis o una dislocación, va a ser sanada de todo eso. Puedes sentir que algo encaja en su lugar". Por fe, ella creyó que la sanidad se manifestaría en su cuerpo. Desde que escuchó esta palabra de conocimiento, Barbara ha podido subir y bajar las escaleras y atravesar la tienda sin un scooter!

Adrienne de Phoenix, Arizona

Cuando Adrienne descubrió una anormalidad en su seno, hace varios meses, esperaba y oraba por su mejoría. Su médico le dijo que volviera para hacerse más pruebas. Mientras tanto, Adrienne vio *El Club 700*. El 7 de enero de 2020, me escuchó orar: "Alguien tiene un bulto en el seno, tóquese el seno y, en el nombre de Jesús, el bulto desaparecerá mientras hablamos". Adrienne hizo suya esa palabra. Cuando volvió a ver a su médico, ¡las imágenes mostraron que el bulto había desaparecido!

Mary de Fort Worth, Texas

Mientras trabajaba en su horario normal en un hogar de ancianos, Mary desarrolló tos. Naturalmente, temía lo peor y pensó que podría ser COVID-19. Ella vio El Club 700 el 17 de marzo de 2020 y me escuchó decir su nombre. Oré: "Alguien, ha tenido una afección que es congestión en los pulmones y no es coronavirus; creo que el nombre es Mary. Quiero que tosas ahora, expulses todo el aire de tus pulmones y luego respires profundamente; tus pulmones se curarán por completo".

Por fe, Mary siguió las instrucciones dadas a través de esta palabra de ciencia. Sintió que una carga se liberaba de su pecho, dejó de toser y ¡no ha vuelto a hacerlo desde entonces! Dios no solo le quitó la aflicción a Mary, sino que también obtuvo algo más: ya no le teme al COVID-19 y tiene la paz del Espíritu Santo.

Rhunette de Duluth, Minnesota

Desde diciembre de 2019, Rhunette sufría de dos graves problemas de salud. Ella vio El Club 700 el 4 de marzo de 2020 y escuchó una palabra de conocimiento pronunciada por ambos problemas. Primero, oré yo: "Alguien que está lidiando con un problema en sus intestinos: se está eliminando una obstrucción; te sentirás mucho mejor".

Luego oró mi coanfitriona, Wendy Griffith: "Hay un problema con tus caderas. Tus caderas y tu columna vertebral están desalineadas y sientes dolor en la parte baja de la espalda. Tu columna se curará y las caderas se alinearán correctamente". Rhunette creyó esa palabra y fue instantáneamente sanada de ambas condiciones. Ella llamó a nuestra línea de oración el 16 de marzo ¡muy regocijada!

Lona de King, Carolina del Norte

Después de casi un año de dolor angustioso en la rodilla, las cosas cambiaron para Lona el 3 de abril de 2020. Ese fue el día que vio El Club 700 y escuchó a mi hijo,

Gordon, orar: *"Hay alguien con dolor de hueso en la rodilla izquierda que no quiere ir al médico. Jesús ha venido a ti y ha sanado esa articulación. Te moverás normalmente sin dolor".* Lona creyó la palabra, fue sanada y ahora puede mover su rodilla libremente y sin dolor.

MARY DE KANSAS CITY, MISURI

El hombro derecho de Mary había estado doliéndole durante todo un año, sin alivio a la vista. El 3 de abril de 2020 vio El Club 700 y escuchó a Gordon decir su nombre durante la oración. Su palabra de conocimiento fue: *"Mary, estás poniendo tu mano izquierda sobre tu hombro derecho. No podías mover ese hombro derecho y Dios te ha sanado, ya puedes moverte normalmente".* ¡Por fe, Mary se frotó el hombro derecho y quedó completamente sana!

DELORIS DE HUMBLE, TEXAS

Caerse a cualquier edad es potencialmente grave, pero sobre todo para Deloris, que en marzo de 2020 tenía ochenta y cinco años. Se cayó la última semana de ese mes y se lesionó el costado derecho, en la zona de los pulmones. Una semana después, estaba viendo El Club 700 cuando escuchó a Gordon orar por alguien que sufría dolor en el lado derecho. Él dijo: *"Dios te ha sanado y puedes moverte normalmente".* Mientras Gordon oraba, Deloris puso sus manos sobre su costado derecho y el *dolor desapareció. Luego llamó a nuestra línea de oración en respuesta a esa palabra, ¡dando gloria a Dios por quitarle el dolor en esa área!*

Jewel de Atlanta, Georgia

Jewel tenía ochenta y tres años. En 2016 le diagnosticaron insuficiencia cardíaca congestiva. El 30 de agosto de 2019, vio El Club 700 y escuchó a Gordon dar esta palabra de conocimiento: "Hay alguien más; le han diagnosticado insuficiencia cardíaca congestiva. Hay presión en tu corazón. Tienes dolor, dificultad para respirar y estás débil. Vas a sanar. Todo fluido se va ahora, en el nombre de Jesús. Que haya un aliento fresco ahora mismo. Que haya nueva energía, nueva vitalidad. En el nombre de Jesús, sé sano". Mi coanfitrión, Terry Meeuwsen, siguió de inmediato con: "Hay muchas personas que tienen problemas respiratorios y todo tipo de afecciones. Dios te está dando nueva vida ahora mismo. Inhala y recíbelo, exhala lo viejo". Jewel recibió su sanidad por fe. Uno de sus médicos confirmó que estaba sana (aunque su otro médico se mantuvo escéptico). Jewel sabe que su Gran Médico lo hizo bien.

Nancy de Longboat Key, Florida

Durante siete años, Nancy padeció artritis reumatoidea, que comenzó a intensificarse en 2018 al punto de desfigurarle sus manos. Mientras miraba El Club 700 el 13 de marzo de 2020, Nancy escuchó a Gordon orar por una afección subyacente que le causaba un dolor constante. Él dijo: "Sé libre de ese dolor, que no lo tengas más". Nancy sintió que algo que comparó con un "relámpago" atravesó su cuerpo. Era tan fuerte que tuvo que acostarse durante una hora. Cuando fue a su médico, ¡le confirmó que ya no tenía artritis reumatoidea! Nancy recibió su palabra de conocimiento.

Marta de Kihei, Hawái

Martha no podía entender qué estaba causando (o cómo solucionar) su persistente ronquera. Durante un año, iba y venía. Sin embargo, estuvo seis meses ronca diariamente.

Mientras veía *El Club 700* el 17 de marzo de 2020, Martha escuchó a Terry Meeuwsen orar: "Alguien tiene una voz áspera que no es normal para ella, pero ha estado así por un tiempo. Hoy es tu día en Jesús y tu voz volverá a la normalidad". ¡Después de orar y creer esta palabra, la voz de Martha es completamente normal!

Geneva de Amite City, Luisiana

Un bloqueo grave obligó a los médicos de Geneva a realizar una extracción intestinal, sacando más de medio metro de sus intestinos. Aunque mejor, todavía tenía diarrea crónica.

Mientras miraba *El Club 700* el 10 de marzo de 2020, Geneva escuchó a Terry Meeuwsen orar: "Alguien tiene problemas con su estómago, digiriendo su comida. Algunos de ustedes tienen úlceras en el revestimiento del estómago y muchos problemas estomacales. Están siendo sanados ahora mismo". Geneva colocó su mano sobre su estómago por fe y, efectivamente, ¡recibió sanidad completa a través de esta palabra!

Joseph de Shrewsbury, Massachusetts

En 2014, Joseph recibió el decepcionante diagnóstico de estenosis espinal en ambas caderas. Su dolor era insoportable y le hacía extremadamente difícil mantener su trabajo de medio tiempo, el que requería estar de pie todo el día. Caminar se volvió tan difícil que finalmente tuvo que dejar de hacerlo. El 13 de octubre de 2019, se encontró con el peor y más insoportable dolor que jamás había sentido. Fue al hospital. Joseph vio El Club 700 y escuchó a Terry Meeuwsen hablar sobre la curación a través de una palabra de conocimiento para alguien con estenosis espinal. ¡Fue sano desde entonces y puede caminar diez kilómetros sin ningún dolor!

Sue de Ironwood, Michigan

La frustrante tos crónica de Sue comenzó cuando tenía cincuenta y cinco años. Ahora tiene sesenta y cuatro.

Durante la transmisión del 24 de marzo de 2020 de El Club 700, Sue escuchó a Terry Meeuwsen orar por alguien que tenía "dificultad para tragar con una tos muy fuerte; no es por coronavirus sino una condición crónica. Estás siendo sanado de todo lo que causa esa tos".

Sue creyó esta palabra y, después de ocho años y medio, ¡se curó por completo!

CAROL DE VIRGINIA BEACH, VIRGINIA

La vida de Carol cambió drásticamente en 2014 cuando se cayó y sufrió muchas lesiones graves. Tenía seis vértebras aplastadas, una lesión en la cabeza, migraña crónica y un músculo desgarrado. No podía estar de pie por más de diez minutos.

El 4 de marzo de 2020, mientras veía *El Club 700*, Carol escuchó a mi copresentadora Wendy Griffith orar: "Hay un problema con tus caderas. Las caderas y la columna vertebral están desalineadas y sientes dolor en la parte baja de la espalda. No es escoliosis, pero se siente parecido. Tu columna se sanará y las caderas se alinearán correctamente". Carol reclamó esta palabra, ahora puede permanecer de pie durante largos períodos de tiempo y ha recuperado el sueño. Tenía otra cirugía programada pero, a este ritmo, ¡no cree que sea necesaria!

Capítulo 25

El Espíritu me guio en China

A MEDIDA QUE HE crecido en la vida cristiana, me ha complacido notar que el Espíritu Santo puede hablarme no solo en los momentos de oración ferviente, sino también en mi caminar cotidiano. En situaciones difíciles, puede darme una palabra oportuna que sea perfectamente adecuada. Permíteme explicar cómo estuvo activo, el poder del Espíritu Santo, en mi vida mientras visitaba China y estuve forzado a hablar con el pueblo chino a través de un intérprete.

He hecho varias visitas a China. En la primera, poco después de la Revolución Cultural a fines de la década de 1970, fui escoltado por un guía turístico autorizado por el gobierno. Los hombres chinos eran desesperadamente pobres y vestían uniformes de aspecto monótono, similares a los que usaba su antiguo líder, Mao Tse-tung. Según recuerdo, solo había dos colores: azul y gris. Más allá de eso, no había ningún adorno especial. Cuando visité China por primera vez, apenas había automóviles. La mayoría de la gente caminaba o andaba en bicicleta.

Una noche, salí para ver si podía hablar con alguna persona en la calle. En aquellos días, los chinos eran muy amables, pero tenían una enorme curiosidad por cualquier occidental como yo y se reunían solo para ver una simple cámara. Salí de mi habitación del hotel y me dirigí a las oscuras calles del pueblo con un intérprete. Como estaba rodeado por un grupo de personas muy amigables, le pregunté al Señor cómo hablarles.

El Espíritu Santo me dio un mensaje: Dije que había venido a hablarles de un Dios que quería prosperarlos y bendecirlos. Mientras hablaba bajo el poder del Espíritu Santo, era como una escena del Nuevo Testamento. Esas personas maravillosas en realidad se reían de alegría por el hecho de que les iba a decir cómo los prosperaría y los bendeciría el Dios creador. Los invité a orar conmigo, y todos menos uno en la multitud que me rodeaba obedientemente inclinaron sus cabezas y oraron para recibir a Jesucristo como su Salvador. Sabía sin lugar a dudas que el Espíritu Santo ciertamente tocaría China y muchas otras naciones alrededor del mundo. Vi demostrado el increíble poder que me fue dado como su siervo para hablar las palabras de Jesucristo bajo la unción del Espíritu Santo.

Unos años más tarde, me postulé para la nominación republicana a la presidencia de los Estados Unidos y fundé la Coalición Cristiana, que estaba desempeñando un papel importante en la política de base en ese momento. Cuando

George W. Bush fue elegido presidente en 2000, los líderes chinos me otorgaron privilegios especiales. Le dije al comité seleccionado para dar la bienvenida a los dignatarios que quería reunirme con el primer ministro Zhu Rongji. En poco tiempo, se hicieron arreglos para tal reunión. Viajé al complejo donde vivía el primer ministro, me hicieron pasar a un gran salón de recepción y me sentaron en un estrado ligeramente elevado frente a él. Detrás de mí estaba sentada una dama china que me traducía sus palabras; detrás de él estaba sentada otra señora que podía interpretarle mi inglés al chino. Sentados en el suelo frente a nosotros en dos filas paralelas estaban los miembros de mi grupo de viaje. Quería explicarle al primer ministro que los cristianos no eran una amenaza, sino buenos ciudadanos y serían la fuente de prosperidad de su nación. Mientras hablábamos, no solo escuchaba la voz del intérprete, sino también la voz del Espíritu Santo.

Esperé pacientemente que el Señor me diera las palabras necesarias en respuesta a sus comentarios hacia mí. Fue una experiencia maravillosa, porque el Espíritu de Dios sabía exactamente lo que tocaría el corazón de ese hombre. Lo que el Señor compartió conmigo para decirle se transmitió a través de China en la Agencia de Noticias Xinhua. Y el primer ministro Zhu Rongji informó de nuestra conversación al Politburó chino. A partir de ese momento, fui designado "amigo de China". En visitas posteriores, me identificaron como un "viejo amigo de China" y tuve acceso a prácticamente todo el país. En una ocasión en particular, me interesó ayudar a los pobres en China a través de nuestra Operación Bendición. Me dieron una audiencia con el ministro de alivio de la pobreza, el título oficial de un administrador del gobierno. Mientras hablaba con él, esperaba en el Espíritu Santo cada palabra que pronunciaba. El Señor me permitió presionarlo sobre la definición de pobreza en China. El Espíritu Santo fue muy persistente, y antes de que terminara, aprendí que la definición de pobreza incluía a aquellos que no podían permitirse alimentos en exceso de dos mil calorías por día. Luego, bajo la inspiración del Espíritu Santo, le expliqué que nuestra organización quería ayudarlo a aliviar la pobreza entre su gente. Antes de que terminara la reunión, había acordado designar veinticinco mil ciudades en las que podríamos trabajar para ayudar a sacar a la gente de la pobreza. En ese intercambio con ese buen hombre, esperé en el Espíritu Santo; y no me falló.

Capítulo 26

UNA PREGUNTA MUY INUSUAL

ME GUSTARÍA RELATAR algo que sucedió hace unos años cuando dirigí a un grupo de turistas cristianos en una visita a Israel. Recorrimos los lugares sagrados de todo el país y tuvimos experiencias maravillosas antes de regresar a nuestro hotel en Jerusalén. La noche anterior a nuestra partida, estaba disfrutando de una cena ligera en la cafetería del hotel. Tres de las damas de la gira se acercaron a mi mesa y dijeron: "Hermano Robertson, hay una dama en nuestro grupo que está poseída por demonios. ¿Conseguiría a un par de hombres e iría a echar fuera de ella los demonios?".

Sé que parece egoísta, pero no tenía ganas de dejar mi cena para echar demonios a nadie. Primero terminé mi cena y luego, mi esposa y yo, fuimos a averiguar cuál era el problema. Aparentemente, esa mujer de la Costa Oeste había sufrido ataques de pánico y había comenzado a gritar por las noches que se estaba muriendo. Sus compañeros estaban alarmados. Se dieron cuenta de que su compañera de cuarto estaba perfectamente sana y no podían explicar el hecho de que tuviera esos ataques asombrosos. Llegaron a la conclusión de que tenían que ser causados por espíritus malévolos, que a su vez pedían liberación espiritual. Supe que se habían llevado a la mujer a otro hotel porque sus gritos nocturnos perturbaban a todo el grupo.

Dede y yo abordamos un taxi hasta el hotel donde estaba la mujer en cuestión. Subimos a su habitación y llamamos a su puerta. Cuando la abrió, tenía una mirada de miedo y desesperación en su rostro. Le expliqué quién era yo, que era el líder del grupo de turistas y que había venido con mi esposa para ver si podíamos ayudarla. Nos invitó a pasar a su habitación y, según recuerdo, me senté en la cama mientras ella y mi esposa ocupaban las dos sillas disponibles. Le dije:

—¿Podría decirme qué le ha pasado?

—Tengo ataques de pánico —respondió—, no puedo respirar y siento que me estoy muriendo.

—¿Ha visto a un psiquiatra o a un médico para que le ayude con esta condición? —respondí.

—Sí, he visto a un psiquiatra —dijo.

Entonces le pregunté:

—¿Qué le dijo el psiquiatra?

—Dijo que tenía esos ataques porque había estado orando con unas monjas.

Asombrado, le dije:

—¿Un profesional médico le dijo eso?

—Sí —me contestó.

Sabía muy bien que orar con unas monjas no provocaba ataques de pánico a nadie. Tenía que haber algo más. Así que le dije:

—¿Podemos orar juntos? —ella estuvo de acuerdo.

Mientras oraba, pregunté: "Señor, ¿qué le pasa a esta mujer?". Él respondió: "Pregúntale sobre su vida sexual".

Bueno, de ninguna manera le preguntaría a una mujer extraña sobre los detalles íntimos de su vida, pero el Señor me había instruido, así que dije:

—Cuénteme sobre su matrimonio.

—Tengo un matrimonio maravilloso y amo a mi esposo —dijo.

Entonces repetí:

—¿Tiene un matrimonio maravilloso y ama a su esposo?

A lo que respondió que eso era correcto.

Volví a preguntarle al Señor y repitió: "Pregúntale sobre su vida sexual". Así que me dirigí a la mujer y le dije:

—Tendrá que disculparme, pero tengo una pregunta más. Dijo que tiene un matrimonio maravilloso, pero ¿puede contarme sobre su vida sexual?

—No tengo vida sexual —me dijo.

Así que volví a decirle:

—¿Dijo que tiene un matrimonio maravilloso y ama a su esposo, pero no tiene vida sexual?

—Eso es correcto —dijo ella.

—¿Cuándo comenzaron estos ataques de pánico? —le pregunté.

—En una época en que mi esposo no pudo tener relaciones maritales.

—¿Y se culpa por eso? —le dije.

—Sí —respondió.

—¿Cree que fue su culpa? —insistí.

—Sí —contestó.

Para confirmar, le pregunté:

—¿Empezó a tener ataques de pánico después de eso?

—Sí —dijo ella.

Ahí me di cuenta de que orar con monjas no le daba a nadie un ataque de pánico, pero la falta de relaciones maritales podría causar un problema si esa señora se sentía tan culpable como estaba. De modo que le dije:

—¿Se da cuenta de que lo que le pasa a su esposo no tiene nada que ver con usted?

—Pensé que era mi culpa —respondió.

—Su marido tiene un problema. Quizás su trabajo es demasiado estresante para tener una vida matrimonial sana. Tal vez debería ver a un urólogo o recibir algún tipo de asesoramiento.

—¿Cree usted eso? —me preguntó

—Sí, no es culpa de usted.

Una sensación de alivio comenzó a inundar el rostro de aquella mujer. Así que le dije:

—¿Puedo orar por usted?

Ella estuvo de acuerdo y oré en el nombre de Jesús, pedí sanidad por esa pobre mujer. En ese momento se liberó de su culpa y de sus ataques de pánico, y se liberó totalmente de su problema.

Una sonrisa apareció en su rostro y se llenó del gozo del Señor. Era el tipo de transformación que cualquier consejero estaría encantado de ver en un paciente. Y todo eso en cuestión de unos minutos, porque el Espíritu Santo sabía exactamente lo que había en el corazón de esa querida mujer y me compartió la respuesta.

No puedo imaginar lo que le hubiera pasado a ella si tres hombres corpulentos hubieran entrado en su habitación y expulsado un supuesto demonio de ella. Habría estado arruinada de por vida. Pero por el poder del Espíritu Santo, fue liberada.

Sé que hay psiquiatras y psicólogos que creen que la fe religiosa es una especie de psicosis, pero creo firmemente que si los médicos, las enfermeras y los terapeutas estuvieran llenos del poder de Dios y tuvieran la unción del Espíritu Santo, su trabajo sería mucho más eficaz. Piensa en lo que sucedería si en vez de horas y horas de asesoramiento, esos hombres y mujeres de ciencia pudieran concentrarse en los problemas reales que enfrentan sus pacientes y tratarlos espiritualmente como lo hice con esa mujer en Jerusalén. Piensa qué transformación se produciría en aquellos pacientes que están estresados por un trauma emocional y no por verdaderos desequilibrios físicos o químicos.

Sin duda, los demonios son reales. Cuando Jesucristo caminó sobre la tierra y trató con la gente, ninguna persona enferma se fue sin ser sanada. Jesús, sin embargo, conocía la diferencia entre la epilepsia y la parálisis, y entre la culpa por el pecado y la posesión demoníaca. Siempre fue tierno y compasivo, pero por el poder del Espíritu Santo, siempre supo la raíz de cada problema. Lo notable es que ese poder todavía se le da a la iglesia; simplemente necesitamos estar dispuestos a ejercerlo.

Capítulo 27

MANIFESTACIONES DEL ESPÍRITU DERRAMADO

AL ESCRIBIR A los primeros cristianos, el apóstol Pablo no solo les delineó los diversos carismas o "dones del Espíritu", sino que también se tomó el tiempo para asegurarse de que las manifestaciones del Espíritu derramado fueran acompañadas por el fruto del Espíritu. Se aseguró de que entendieran que si un cristiano podía realizar proezas milagrosas como mover montañas, o si tenía tanta generosidad que entregaba todos sus bienes para alimentar a los pobres, o si tenía sabiduría para entender todos los misterios pero le faltaba amor, sus logros espirituales no tendrían un significado duradero.

Algunas de las declaraciones que el apóstol Pablo hizo a la iglesia en Corinto, en mi opinión, han sido mal entendidas o mal utilizadas. Por ejemplo, Pablo dijo: "El [don] de lenguas será silenciado" (1 Corintios 13:8). Esa declaración fue tomada como un texto de prueba para aquellos que afirman que los dones milagrosos del Espíritu Santo, especialmente la expresión pentecostal del mismo, cesaron con los primeros apóstoles.

Sin embargo, el apóstol Pablo no quiso decir tal cosa, porque también dijo: "El de conocimiento desaparecerá" (1 Corintios 13:8). Aquellos que piensan que las lenguas han llegado a su fin tendrían que admitir que el conocimiento también debe haber llegado a su fin. Y esto, por supuesto, es absurdo. Pablo no pretendía tal cosa.

Pablo también escribió: "Porque conocemos y profetizamos de manera imperfecta; pero cuando llegue lo perfecto, lo imperfecto desaparecerá" (1 Corintios 13:9-10). Hay denominaciones que proclaman que "perfecto" significa la Biblia; por lo tanto, el Espíritu Santo dejó de obrar en un sentido apostólico durante los primeros cien años de la iglesia después de que se completó el canon de la Biblia. Por supuesto, esa declaración va en contra de lo que dijo el mismo Pablo: "Porque en parte conocemos, y en parte profetizamos" (1 Corintios 13:9 RVR1960). El apóstol Pablo, que escribió buena parte de los libros que componen el Nuevo Testamento, no pretendía saberlo todo.

Creo firmemente que el poder de Dios no se detuvo con la finalización del canon de las Escrituras. Aunque las Escrituras son nuestra guía, la única perfección es Jesús mismo, y algunas de las manifestaciones del Espíritu Santo están activas hoy y seguirán activas hasta que él regrese. Así que honramos la Palabra de Dios y buscamos diligentemente descubrir las palabras dadas por el Espíritu Santo a los ungidos hombres de Dios a través de los siglos.

Insisto, lo único que es perfecto es Jesús, y cuando regrese no serán necesarias las manifestaciones del Espíritu Santo, porque seremos como él y lo veremos tal como él es. Por ahora, mi mensaje es este: busquemos diligentemente más del poder del Espíritu Santo de Dios que está libremente disponible para aquellos que verdaderamente lo buscan.

Capítulo 28

El Espíritu y la Esposa de Cristo

Un pensamiento para concluir... A escribir el Libro de Apocalipsis, el apóstol Juan vio la Ciudad Santa, la Nueva Jerusalén, descender del cielo como una Novia ataviada para su Esposo. Y en Apocalipsis 22:17 tenemos estas palabras: "El Espíritu y la novia dicen: '¡Ven!'; y el que escuche diga: '¡Ven!'. El que tenga sed, venga; y el que quiera, tome gratuitamente del agua de la vida".

En Apocalipsis, el Espíritu Santo se vincula con la Esposa de Cristo. Mi argumento en este libro ha sido que el Espíritu Santo es el ser, de la Trinidad de Dios, que trata con la iglesia, con la humanidad, con su pueblo escogido y con este planeta que llamamos Tierra. Ahora Apocalipsis presenta a la Novia de Cristo como viniendo del cielo, y el Espíritu de Dios es uno con la Novia, como en algún tipo de procesión nupcial. La Biblia podría decir el Hijo de Dios y la Novia de Cristo, pero dice que el Espíritu Santo y la Novia están entrando juntos en la nueva creación. Así que aquí, en el último libro de la Biblia, vemos que el Espíritu Santo se muestra una vez más como el ser de la Trinidad que trae a su creación —especialmente a sus amados— vida, bendición y esperanza.

APÉNDICE

LOS MIEMBROS DE nuestro personal han recibido muchas preguntas sobre el Espíritu Santo. Intentaré responder a algunas de ellas, que espero amplíen lo que se ha escrito en este libro.

Pregunta: ¿Tengo que ser un cristiano maduro para recibir el Espíritu Santo?

Respuesta: No, no tienes que serlo. El Espíritu Santo descendió sobre los que estaban reunidos en la casa de Cornelio, un soldado romano, que no profesaba ser cristiano en absoluto. Sin embargo, cuando escuchó el mensaje de salvación, recibió a Jesús y en ese momento fue bautizado en el Espíritu Santo. Jesús nos dijo que debemos tener la fe de un niño pequeño. Muy a menudo son los "cristianos maduros" los que piensan que lo han intentado todo y se niegan a reconocer que quizás han ido en la dirección equivocada.

Pregunta: ¿Cómo operó el Espíritu Santo en el Antiguo Testamento? ¿Estuvo presente en la creación? ¿Fue el rey David lleno del Espíritu Santo?

Respuesta: Una gran parte de este libro está dedicada a la obra del Espíritu Santo en el Antiguo Testamento. David escribió un salmo que decía: "No quites de mí tu santo espíritu. Vuélveme el gozo de tu salvación" (Salmos 51:11-12 RVR1960). Como señalé en este libro, en el Antiguo Testamento Dios dio el Espíritu Santo a profetas, hombres santos y líderes seleccionados. Más tarde, en el día de Pentecostés, el Espíritu Santo se derramó sobre toda carne y los que creyeron en Jesucristo fueron llenos del Espíritu.

Pregunta: Por favor, ayúdame a entender Romanos 8:26: "Y de igual manera el Espíritu nos ayuda en nuestra debilidad; pues qué hemos de pedir como conviene, no lo sabemos, pero el Espíritu mismo intercede por nosotros con gemidos indecibles" (RVR1960).

Respuesta: La Biblia nos enseña que el Espíritu Santo está en contacto con nuestro espíritu y que el acuerdo con su Espíritu produce hechos milagrosos. Muchas veces como seres humanos, no somos conscientes de la situación que nos enfrenta, pero el Espíritu Santo sí está consciente. Por eso se une a nuestro espíritu y nos guía en una oración intercesora que trasciende lo que nuestra mente es capaz de comprender. Se nos dice que "oremos constantemente" y que la Iglesia oraba "fervientemente" para que Pedro fuera liberado de la prisión (Hechos 12:5). El propio Jesús padeció tal agonía en el Huerto de Getsemaní que sudó sangre de verdad. Se dice que John Knox, de Escocia, oró en

Apéndice

agonía: "Oh Dios, dame Escocia o perezco". Muy pocos conocen este tipo de intercesión, pero el Espíritu Santo traerá gemidos indecibles a la vida de aquellos que están sintonizados espiritualmente.

Pregunta: *¿Podemos aceptar la salvación a través de Jesús o creer en su señorío aparte de la obra del Espíritu Santo?*
Respuesta: La Biblia es muy clara al respecto. "Nadie puede decir: Jesús es el Señor, sino por el Espíritu Santo" (1 Corintios 12:3). La confesión que produce la salvación es "Jesús es el Señor". "Si confiesas con tu boca que Jesús es el Señor y crees en tu corazón que Dios lo levantó de entre los muertos, serás salvo" (Romanos 10:9). Por lo tanto, en respuesta a tu pregunta, digo enfáticamente que no hay salvación excepto la que se logra a través de la fe en el Señor Jesucristo, la cual —a su vez— se logra por la obra del Espíritu Santo. Todos los seres humanos son hechos a la imagen de Dios, y a todos se les ha dado un espíritu que puede responder al Espíritu de Dios. Sin embargo, no creo que nuestros espíritus puedan reconocer plenamente la muerte, resurrección y señorío de Jesucristo sin la obra del Espíritu Santo.

Pregunta: *¿Qué significa danzar en el Espíritu?*
Respuesta: Se nos dice que cuando el Arca del Pacto era llevada a Jerusalén, "David danzaba con toda su fuerza delante de Jehová" (2 Samuel 6:14 RVR1960). David daba vueltas, brincaba y saltaba de alegría. Creo que puede haber expresiones espontáneas de gozo ante la presencia del Espíritu de Dios y que los humanos pueden reaccionar

como el cojo que fue sanado en la Puerta Hermosa, cuando comenzó a saltar, bailar y alabar a Dios.

Pregunta: La palabra hebrea para "viento" es ruach. ¿Podrías explicar cómo ayuda eso a comprender la Persona y la obra del Espíritu Santo?

Respuesta: El día de Pentecostés, estando los discípulos reunidos en el aposento alto de una casa, descendió sobre ellos el poder de Dios. ¿Cómo lo hizo? Se oyó el sonido de un viento recio que soplaba, que llenó el lugar donde estaban sentados. Entonces, aparecieron lenguas de fuego sobre la cabeza de todos los creyentes (ver Hechos 2:1-3). El viento o aliento es el símbolo del Espíritu. El fuego es el símbolo de la santidad. En el día de Pentecostés, el Espíritu de Dios se manifestó como un viento recio que llenó la casa y las lenguas de fuego representaban la santidad. En ese único caso, hubo una clara demostración del Espíritu Santo.

Pregunta: No he recibido el don de lenguas y, como resultado, algunos miembros de la iglesia creen que no tengo "al Espíritu Santo". Sé que el Espíritu Santo vive en mí. Pero estoy confundido en canto a lo que significa ser habitado o lleno por el Espíritu Santo.

Respuesta: Algunas denominaciones promueven como tema doctrinal importante el hablar en lenguas como la evidencia inicial del bautismo en el Espíritu Santo. Creo que el poder del Espíritu Santo puede manifestarse en varias maneras. Pero una cosa puede decirse de hablar en lenguas.

El centro del habla representa la parte más alta del cerebro humano y el habla es la principal característica que distingue a los seres humanos de los animales. Los animales pueden, por supuesto, tener un tipo rudimentario de dispositivo de señalización, especialmente los cuervos y los delfines, pero el habla coherente e inteligente es característica única de los seres humanos. Si el Espíritu Santo tiene el control de los centros del habla y ha dado su unción, esto es una clara evidencia de que su presencia obra en el individuo. Creo que no es prudente tratar de poner a un Dios infinito en algún tipo de camisa de fuerza doctrinal y afirmar que esta es la única forma en que él puede realizar una tarea en particular. Debemos dejar nuestro entendimiento receptivo a cualquier forma en que el Dios infinito trate con cualquiera de sus criaturas.

Pregunta: *¿Puedo orar al Espíritu Santo?*

Respuesta: Si deseamos orar de manera técnicamente correcta, oremos al Padre en el nombre de Jesucristo su Hijo y en el poder del Espíritu Santo. Sin embargo, por mi parte, no veo ninguna razón por la que un creyente no deba pedir ayuda al Espíritu Santo mismo. Tenemos varios himnos en las iglesias evangélicas como, por ejemplo, "Espíritu Santo bienvenido a este lugar" y "Espíritu del Dios vivo". Creemos que la adoración y la oración al Espíritu Santo son absolutamente apropiadas.

Pregunta: *¿Tienen todos los cristianos un don espiritual?*

Respuesta: Las Escrituras nos dicen que Dios envía dones a sus hijos de acuerdo con su voluntad. El apóstol

Pablo les dijo a los creyentes que desearan fervientemente los mejores dones, sobre todo que profetizaran. Recuerda que el Espíritu Santo mismo es el don. Más allá de eso, en su voluntad soberana, él da a conocer las cosas de Jesús a los creyentes y dará su poder a su pueblo de acuerdo a su voluntad soberana.

Pregunta: *¿Cómo puedo descubrir mi don espiritual?*
Respuesta: Yo creo que Dios nos hace a cada uno con habilidades y talentos particulares. Somos más felices cuando hacemos aquello para lo que Dios nos ha creado. No debemos envidiar a los demás, sino despertar el don que está dentro de nosotros. Eso es lo que Pablo le escribió a Timoteo: "Por eso te recomiendo que avives la llama del don de Dios que recibiste cuando te impuse las manos" (2 Timoteo 1:6). Si alguien tiene el poder del Espíritu Santo dentro, él —el Espíritu— se manifestará de la manera apropiada.

Pregunta: *¿Es limitada la cantidad de dones espirituales que recibe una persona?*
Respuesta: El Espíritu Santo es el don. El Espíritu Santo no está limitado. Imagínate lo que él colocó en esta tierra y figúrate en qué consiste su universo. Él no está limitado y su potencial con cada uno de nosotros menos todavía.

Pregunta: *¿Permite Dios que el Espíritu Santo nos hable a través de otras personas?*
Respuesta: Soy muy cauteloso en cuanto a la profecía instructiva que llega a un individuo a través de otro cristiano. Algunas personas me han dicho que me traen cierto

mensaje del Señor y estaban totalmente equivocadas. Una mujer se acercó a Juan Wesley y le dijo que Dios le había dicho que él se estaba "acostando con una ramera". Wesley respondió: "El Señor me conoce mejor que eso. Él no te envió". Es muy fácil para una persona, supuestamente espiritual, tratar de dirigir el curso de otro individuo bajo el pretexto de que tiene un mensaje del Señor.

En el Antiguo Testamento, sin embargo, Dios envió profetas para advertir a los reyes en cuanto a conductas que no le agradaban. También enviaba mensajeros para alentarlos en un curso de acción particular. En mi opinión, la pregunta sería: ¿cuál es el historial de la persona que está trayendo el mensaje? Una de las formas más útiles de recibir orientación es a través de una palabra de confirmación de un amigo o consejero espiritual sobre algo que el Señor ya te ha dicho.

Pregunta: ¿Impone el Espíritu Santo su poder o su unción en lugares o cosas? Por ejemplo, la gente dice: "La unción está realmente en ese lugar".

Respuesta: Cuando Salomón dedicó el templo, el poder de Dios descendió con tanta fuerza que los sacerdotes no pudieron ministrar. También parecía haber una unción especial en el Arca de la Alianza, porque la persona que ponía una mano sobre ella moría. Se nos dice que un hombre muerto fue arrojado a la tumba con Eliseo y volvió a la vida al tener contacto con sus huesos. Por otra parte, cantamos: "El espíritu de Dios está en este lugar, el Espíritu de Dios se mueve en este lugar...". En base a todo esto, podemos decir que la respuesta es afirmativa.

Pregunta: *¿Cómo contristamos al Espíritu Santo?*

Respuesta: Entristecemos al Espíritu Santo cuando actuamos directamente en contra de lo que sabemos que es su voluntad, sobre todo si nos ha dado orientación sobre un curso de acción y lo desobedecemos en forma deliberada. Lo entristecemos cuando desobedecemos su palabra. Lo entristecemos cuando practicamos el pecado. Lo entristecemos cuando negamos su realidad.

Pregunta: *¿Cómo sé que el Espíritu Santo realmente me está hablando a mí, no a mi imaginación o no me dice algo malo?*

Respuesta: La Biblia nos dice que los maduros son aquellos que han ejercitado sus sentidos para poder discernir el bien del mal. No existe un atajo como el del simple ensayo y error. Ejercitamos nuestros sentidos, escuchamos al Señor y luego tratamos de seguir lo que nos dice. Pero ganamos madurez a medida que caminamos con él, hablamos con él y obtenemos su guía confirmada en nuestras vidas.

Es obvio que cada impresión que viene a nuestra mente no es del Espíritu Santo. Hay muchas voces espirituales en el mundo y debemos ejercitar nuestros sentidos para discernir cuáles son buenas y cuáles son malas. Debo enfatizar en este punto que el Espíritu Santo no contradirá la Palabra de Dios. Si pensamos que tenemos un mensaje del Espíritu Santo que es contrario a las Escrituras, sabemos que no es de Dios. Como dijo el apóstol Pablo: "Pero, aun si alguno de nosotros o un ángel del cielo les predicara un evangelio distinto del que les hemos predicado, ¡que caiga bajo maldición!" (Gálatas 1:8).

Pregunta: *Si he resistido al Espíritu Santo en el pasado pero me he arrepentido, ¿restaurará sus impresiones en mi vida para que pueda escuchar de él?*

Respuesta: Absolutamente. Lo hará, pero debes volver a ese lugar donde te extraviaste. Enfrenta lo que hayas hecho y pide perdón a Dios. Recomiendo sentarse con lápiz y papel para anotar aquellas áreas de tu vida en las que sabes que has pecado contra el Señor. Confiésale esas cosas. Pídele perdón. Luego toma el papel y quémalo, porque Dios quiere que tu conciencia sea limpia de obras muertas para que le sirvas (Hebreos 9:14). Dios quiere que seamos útiles en su reino, no que estemos agobiados por la culpa. Así que, por supuesto, él restaurará sus impresiones en ti si confiesas el pecado que te trajo el problema.

Pregunta: *Me temo que he cometido el pecado imperdonable al rechazar al Espíritu Santo. ¿He perdido mi salvación?*

Respuesta: Como joven cristiano, viví en el gozo del Señor porque tenía una vida completamente nueva. Una vez, después de haber estado orando, me vino este pensamiento, que ahora reconozco que era del enemigo: *Esto no es más que un truco. Crees que has sido salvo y eres parte de la comunión de Dios, pero has cometido el pecado imperdonable y nunca serás perdonado.*

Estaba cabizbajo. Mi incipiente vida cristiana se estaba derrumbando a mi alrededor. ¿Qué podía hacer? En medio de mi oración, brotó de mis labios una expresión clara: "Señor Jesús, creo en ti, y aunque esté en el infierno, te alabaré como mi Salvador". Entonces aquella terrible sensación de dolor desapareció y me di cuenta de que no había cometido ningún pecado imperdonable. El enemigo de mi alma estaba tomando una escritura y usándola para destruirme. Pero felizmente, Dios tenía otros planes.

En el idioma griego, el tiempo *aoristo* de un verbo transmite una acción de una sola vez; pero el tiempo presente indica acción continua. El vocablo acerca del pecado contra el Espíritu Santo está en tiempo *aoristo*, una sola vez. Pero si ese fuera el caso, iría en contra de todo lo demás que se nos enseña en la Biblia. Creo, por un lado, que el verdadero significado del pecado imperdonable es atribuir la obra del Espíritu Santo a Satanás. Pero el otro pecado imperdonable y más profundo es este: rehusarse a arrepentirse del pecado y despreciar el cortejo del Espíritu Santo cuando nos lleva a la fe en Jesucristo. Si nos negamos a escuchar la voz del Espíritu Santo y a creer que Jesucristo es el Hijo de Dios que murió por nuestros pecados y resucitó, entonces no hay perdón. Esto para mi es el pecado imperdonable, no un comentario negligente que hace un joven antes de encontrarse con el Señor.

"PAT" Robertson es el fundador y presidente de Christian Broadcasting Network (CBN), la primera cadena de televisión cristiana en Estados Unidos y el mundo reconocida por su famoso programa El Club 700, que se transmite en 200 países y 70 idiomas. Además fundó Regent University, American Center for Law and Justice, The Flying Hospital y muchas organizaciones más.

PRESENTAN:

Para vivir la Palabra

www.casacreacion.com

Te invitamos a que visites nuestra página web, donde podrás apreciar la pasión por la publicación de libros y Biblias:

www.casacreacion.com

Para vivir la Palabra